国家发展与战略丛书
人大国发院智库丛书

分类改革视角下
国有企业数字化转型

Digital Transformation of State Owned
Enterprises from the Perspective of
Classification Reform

杨继东　刘小鲁　著

中国社会科学出版社

图书在版编目（CIP）数据

分类改革视角下国有企业数字化转型／杨继东，刘小鲁著．—北京：中国社会科学出版社，2024.5

（国家发展与战略丛书）

ISBN 978-7-5227-3504-7

Ⅰ.①分⋯　Ⅱ.①杨⋯②刘⋯　Ⅲ.①国有企业—企业管理—数字化—研究—中国　Ⅳ.①F279.241-39

中国国家版本馆 CIP 数据核字（2024）第 083677 号

出 版 人	赵剑英
责任编辑	郭曼曼
责任校对	韩天炜
责任印制	王　超

出　　版	中国社会科学出版社
社　　址	北京鼓楼西大街甲 158 号
邮　　编	100720
网　　址	http://www.csspw.cn
发 行 部	010-84083685
门 市 部	010-84029450
经　　销	新华书店及其他书店

印　　刷	北京明恒达印务有限公司
装　　订	廊坊市广阳区广增装订厂
版　　次	2024 年 5 月第 1 版
印　　次	2024 年 5 月第 1 次印刷

开　　本	710×1000　1/16
印　　张	12.25
插　　页	2
字　　数	160 千字
定　　价	66.00 元

凡购买中国社会科学出版社图书，如有质量问题请与本社营销中心联系调换
电话：010-84083683
版权所有　侵权必究

课题组成员

研 究 员：杨继东　刘小鲁
研究助理（按姓氏拼音排序）：

　　　　　白涵瑜　董冰心　雷昊然　林心仪
　　　　　柳莹莹　吕博文　马文婷　王子璇
　　　　　伍巾帼　杨宏敏　杨　珂　赵彦纯

前　言

抓住企业数字化转型的机遇，推动国有经济高质量发展。数字经济在国民经济中的地位越发突出，逐渐成为中国经济增长的新动能。中国信息通信研究院发布的《中国数字经济发展白皮书》显示，2020年中国数字经济规模达到39.2万亿元，占GDP比重为38.6%，同比名义增长9.7%。数字经济健康发展有利于推动构建新发展格局，有利于推动建设现代化经济体系，有利于推动构筑国家竞争新优势。

国有企业作为中国特色社会主义经济的"顶梁柱"，是中国特色社会主义的重要物质基础和政治基础，需肩负起推动中国经济发展的重要责任。这就必然要求国有企业顺应数字经济时代的发展，进行国有企业数字化转型。2021年发布的《中华人民共和国国民经济和社会发展第十四个五年规划和2035年远景目标纲要》明确指出，"以数字化转型整体驱动生产方式、生活方式和治理方式变革"，数字经济被提升到了前所未有的战略高度，这表明党和国家对数字经济的重视。2020年3月，国务院国有资产监督管理委员会（以下简称"国资委"）也发表了署名文章《国有企业要作推动数字化智能化升级的排头兵》。文章明确指出国有企业在推动数字化转型过程中的排头兵地位。2020年9月国资委发布了《关于加快推进国有企业数字化转型工作的通知》。《通知》提出要促进国有企业数字化、网络化、智能化发展的目标，并对国企如何推进数字化转型进行工作安排和指导。

积极推动企业数字化转型,发展数字经济,是国有企业贯彻国家数字经济战略的重要体现。然而,国有企业数字化转型如何落地？国有企业参与数字经济发展的着力点在哪？在推进"产业数字化"和"数字产业化"进程中,如何体现国有企业的价值定位？国有企业如何实现自身数字化转型,建设"数字国企"的具体路径选择是怎样的？国有企业如何发挥海量生产数据和丰富应用场景优势,推动数字经济和实体经济深度融合？本书基于国有企业分类改革的理论逻辑,讨论了分类改革下国有企业数字化转型的逻辑、路径和政策选择,利用上市国有企业的数据,分析了国有企业数字化转型的现状、影响和驱动力量,最后为国有企业未来数字化转型提供了建议。

本书认为,国有企业率先推动数字化转型,是作为国民经济发展的中坚力量,顺应数字经济时代、建设数字中国的必然要求,也是作为政治和经济功能的混合体在新发展阶段承担特定使命、发挥特有优势的具体体现。一方面,国有企业肩负着经济责任、政治责任和社会责任,构成了国有企业数字化转型的内生动力；另一方面,国有企业在推进数字化方面拥有充足持续的内外部资源和多层次全流程的核心能力,为国有企业数字化提供了基础保障和动力来源。同时,当前国有企业数字化仍面临新基建规划不成熟、数字化过程长期而艰巨、国有企业组织架构复杂等诸多共性和个性的问题。因此,国有企业数字化转型的推进仍有很长的道路要走。

企业数字化转型具有宽领域、多维度特征,国有企业数字化转型应该考虑分类分层数字化转型战略：从分类的视角,商业一类、二类国企的数字化注重经济效益和高质量发展,公益类国企则注重提升公共物品的质量和效率；从分层的视角,集团层面应加强数字化战略顶层设计,子公司应推进数字化管理与业务经营管理相结合,分公司或三级公司则需要完成数字化转型的落地工作。具体而言,从横向视角看,企业需要根据商业一类、商业二类、公益类等不同目标,实施"差异化—数字化"转型战略:(1)商业一类企业应当以市场需求为中心,促进数字化技术与业务运营相融合,通过数字化转型增强企业市场活力,引领竞争性行业高效率发展;(2)商业二类企业应当聚焦主业主责,推动数字化与技术研发、智能制造相结合,推动战略性产业转型升级;(3)公益类企业应当加强新型基础设施建设,一体化协同推进数字化转型,全力支撑和服务社会各行各业数字化转型。

从纵向视角看,国有企业应该从集团层面、子公司层面和分公司、三级公司层面进行三级联动的数字化转型:(1)集团企业应高屋建瓴,将数字化作为一把手工程,协调各层级部门统筹推进数字化转型,如建立智慧管理平台、建数字化生态体系等,促进集团资金、物资、人力资源、数据等各生产要素的高效流转,推动产业链上下游企业数据贯通、业务协同;(2)各个子公司应当在集团数字化战略的指引下,结合其细分行业和具体业务特征,推进精细化管理,积极创新发展商业模式、提高经营效率;(3)分公司或三级公司,应当加强产品生产或服务过程数据动态采集,积极引进基层数字化人才,加强基层数据智能分析和技术开发能力,推动基础数字技术设施建设,并反馈到集团数据中心,反向推动总体战略规划的完善。

本书基于文本分析方法,利用上市公司数据,刻画了国有企业数字化的现状、特点和发展趋势。本书采用文本分析和人工判断结合的方法测度企业数字化转型的情况。通过对2010—2018年上市公司A股制造业518家国有企业的年报进行分析,得出以下结论。第一,从2010年起,随着时间变化,数字化转型的国有企业的数量不断攀升,且在研发环节进行数字化转型的国有企业占比最高。第二,各个行业的企业数字化转型的目标和路径呈现出差异化特征,制造业由于涉及领域广泛而表现得格外明显,钢铁制造业和运输设备制造业这类涉及国计民生的重要行业数字化转型积极，轻工业则紧跟其后。第三，东部地区呈现出起步早、发展快的特征，中部地区和东北部地区虽然起步较晚，但近年来发展情况较好，西部地区的部分自治区样本过少，但仍有贵州、重庆等省市表现亮眼，且数字化转型与当地政策紧密相关。第四，规模较大的一批国企在数字化转型上更为积极。

以数据为要素、技术为支撑的数字化转型正不断以科技赋能国有企业，对其生产绩效、组织运营、创新、竞争模式以及国家战略部署五个方面产生重大影响。第一，生产绩效方面，数字化转型助力国有企业形成以数据驱动为核心的生产经营模式，为其投入—产出决策、生产监管、业务变革等提供了信息和技术支撑，建立了与市场各主体的链接，提高企业经营绩效和全要素生产率、分享数字经济红利。第二，组织运营方面，两化融合管理体系的应用推动了国有企业治理数字化、管理数字化，改变企业内部人员结构，赋能员工绩效考核与培训。第三，创新方面，数字化转型促使国有企业深化运营、生产服务和商业模式等多方面的创新，促进企业运营智能化、生产服务智能化和多元化与商业模式革新。第四，竞争模式方面，数字经济促进了要素自由流动和市场活力释放，外部竞争压力倒逼国有企业转变原有竞争模式，提升自身竞争力。第五，国家战略部署方面，国有企业作为国家战略部署落实的主要推动力和模范带头人、新型举国体制的重要践行者。数字化转型有利于推进中国"产业数字化"和"数字产业化"，进一步带头落实"供给侧结构性改革""碳达峰、碳中和"等国家战略部署，集中力量发展关系国家安全和国民经济命脉的重要行业和关键领域。

从上市公司的数据看，国有企业的数字化实践具有不同特点，存在巨大差异。为了探究造成差异的原因，对中国制造业上市国有企业进行统计分析和模型回归，得出以下结论。第一，盈利能力、人力资本、技术能力和行业竞争是影响国企数字化转型差异的四个因素，且都呈正相关。具体来说，盈利能力是国企进行持久数字化转型的保障，人力资本是国企自下而上数字化转型的支撑，技术能力是数字标准化和结构化，进而实现数字化转型的基础，行业竞争是助推国企数字化转型并引发行业其他企业追随行为的动力。第二，人力资本和技术能力对高技术企业与传统企业的数字化转型都具有推动作用。第三，市场垄断对高技术企业数字化转型存在显著的抑制作用，这是因为垄断企业体制僵化导致数字化转型动力不足，且较高的市场垄断程度抑制了企业数字化转型的内在动力。

数字化转型对企业组织形式提出了新的要求，国有企业也应该在数字化转型过程中建立起相适应的组织架构。本书认为应建立"三台型"组织架构，建设专门的数据管理中心，同时在优化企业内部组织的基础上建立构建生态型组织有利于国有企业快速适应市场环境的内外部变化，构建起扁平化、专业化、灵活敏捷的内部组织。同时，把握住一把手与数字化领导力的关系，建立起基于 OKR 模式的绩效考核以及重视数字文化变革，可以更好地从机制层面助力企业加速数字化转型过程。

当前，在国家层面、各地区和各行业层面，都在积极推动企业数字化转型。本书认为，推动企业数字化转型的资源是有限的，在考虑企业数字化转型成本的前提下，企业数字化转型应该有所为有所不为。国企数字化政策的内容注重精准施策：商业一类国企的数字化转型政策注重数字化推动企业的转型升级和高质量发展；商业二类的国企政策目标则注重国家战略和经济发展的需要；公益类国企则需达到提高公共物品和服务的质量与效率的目的。（1）在政策细节方面，强调在技术、管理、数据和安全方面的具体推进和落实；（2）在转型方向方面，政策指导国企在产品、生产、用户和产业等多方位的数字化；（3）在赋能举措方面，注重国企在建设基础设施、发展数字产业和攻克关键技术等方面来助力数字化转型。

在数字化政策的具体落实方面，国企应在生产管理的各个环节进行布局、要逐步落实对国企数字化发展的政策支持、注重高新科技的革新发展。同时，国有企业数字化政策推行的困难是发展不均衡、进程缓慢和认知偏差，政策目标是推动企业的文化变革、增强数字化转型的必要性认知和统筹协调发展，对应的政策工具是顶层设计、企业标杆和后备资源的保障。最后，企业数字化转型收益存在的两种类型，来自推动数字技术的使用与数字管理和数字平台的推广。随着数字化转型的推进，数字技术使用的收益可能递减，数字平台和数字管理的收益递增，建议国有企业提前布局数字平台和数字管理。

目 录

第一章 分类改革视角下的国有企业数字化转型……………（1）
 第一节 抓住企业数字化转型的机遇……………………（1）
 第二节 分类改革与国有企业数字化转型………………（6）
 第三节 国有企业分层数字化转型的实践案例及差异 ……（19）
 第四节 国有企业分层数字化转型的路径 ………………（23）
 第五节 国有企业分类分层数字化转型展望 ……………（27）
 第六节 分类分层推进企业数字化转型的政策支持 ………（29）

**第二章 国有企业数字化转型的特征、微观影响与
驱动因素** ……………………………………（35）
 第一节 国有企业数字化转型的现状与特点 ……………（35）
 第二节 国有企业数字化转型的影响 ……………………（44）
 第三节 国有企业数字化转型的驱动因素分析 …………（55）

第三章 国有企业数字化转型与产业结构 ……………（69）
 第一节 国有企业数字化转型与国有经济布局优化和
结构调整 …………………………………（69）
 第二节 国有企业数字化对推动现代化产业链建设的
意义 ………………………………………（83）

— 1 —

第四章　国有企业数字化转型与体制机制改革的互动关系 …………………………………………（89）

第一节　建立与国有企业数字化转型相适应的体制机制 ……………………………………（89）

第二节　领导者与国有企业数字化转型……………（110）

第三节　国企数字化转型与企业内部人才结构………（117）

第四节　国有企业的数字化转型对员工约束的弱化作用分析 …………………………………（134）

第五章　国有企业如何弥合数字鸿沟、技术突破与数字安全的考虑 ……………………………（143）

第一节　数字鸿沟问题 …………………………………（143）

第二节　技术突破问题 …………………………………（147）

第三节　数字安全问题 …………………………………（150）

第六章　基于传统自然垄断行业改革经验的数据国有化探讨 ……………………………………（154）

第一节　数据的自然垄断性判定 ………………………（154）

第二节　传统自然垄断行业改革经验及启示 …………（156）

第三节　数据国有化的成本—收益分析 ………………（159）

第七章　推动国有企业数字化转型的政策分析 …………（164）

第一节　企业数字化转型的国际经验 …………………（164）

第二节　当前推动国有企业数字化转型的政策特点 …（165）

第三节　分类改革下国企数字化转型的政策建议 ……（168）

参考文献 ……………………………………………………（174）

第 一 章

分类改革视角下的国有企业数字化转型

第一节 抓住企业数字化转型的机遇

一 国家高度重视数字经济发展

当前,世界正经历百年未有之大变局,新一轮科技革命和产业变革迅猛发展,发展数字经济已经上升为国家战略,成为拉动经济增长的重要引擎和产业升级的重大突破口。

2020 年,中国数字经济规模达到 39.2 万亿元,占 GDP 比重为 38.6%。2021 年 3 月,"十四五"规划和 2035 年远景目标纲要提出"打造数字经济新优势",强调"充分发挥海量数据和丰富应用场景优势,促进数字技术与实体经济深度融合,赋能传统产业转型升级,催生新产业新业态新模式"。

国家领导高度重视数字经济发展。2021 年 10 月 18 日,中共中央政治局就推动中国数字经济健康发展进行第三十四次集体学习。习近平总书记在主持学习时强调:近年来,互联网、大数据、云计算、人工智能、区块链等技术加速创新,日益融入经济社会发展各领域全过程,数字经济发展速度之快、辐射范围之广、影响程度之深前所未有,正在成为重组全球要素资源、重塑全球经济结构、改变全球竞争格局的关键力量。面向未来,我们要站在统筹中华民族伟大复兴战略全局和世界百年未有之大变局的高度，统筹国内国际两个大局、发展安全两件大事，充分发挥海量数据和丰富应用场景优势，促进数字技术与实体经济深度融合，赋能传统产业转型升级，催生新产业新业态新模式，不断做强做优做大我国数字经济（习近平，2023）。

二 各类企业都在加快推动数字化转型

中国企业界大约从 2015 年开始频繁提到"数字化转型"，开始是企业信息化概念的升级版，随着对数字化形态变化和商业价值的认识越来越深入，传统行业纷纷转型升级。同时，站在前排的互联网平台经济进入下半场，对普惠性、共赢性、秩序性的追求与数字化浪潮交织碰撞，激荡出热烈的回响。

企业数字化转型指的是企业将数字科技与生产发展深度融合，实现人、物、场和流程的数据化，提高企业数据存储与分析能力，通过数字平台对所有参与主体和流程进行集中管控和链接，在持续积累与高效利用数据的基础上实现企业流程、企业组织、研发生产、商业模式等革新的微观转变过程（肖静华，2020；吴非等，2021）。

2017 年 7 月，习近平主席在二十国集团领导人汉堡峰会上发表题为《坚持开放包容 推动联动增长》的重要讲话，指出："研究表明，全球百分之九十五的工商业同互联网密切相关，世界经济正在向数字化转型。我们要在数字经济和新工业革命领域加强合作，共同打造新技术、新产业、新模式、新产品。"（习近平，2022）

人类社会正在进入以数字化生产力为主要标志的全新历史阶段，数字经济是继农业经济、工业经济之后新的经济社会发展形态，对于国民经济各部门具有十分广泛的辐射带动效应，对提高中国经济效率、促进经济结构加速转变具有强大的驱动作用。

三 国有企业积极推进数字化转型升级

国有企业数字化转型是指，国有企业以数据为关键生产要素、以现代信息网络为载体、以信息通信技术为桥梁进行全流程、多维度、深层次的升级改造,实现数字技术和企业经营深度融合。

国有企业率先推动数字化转型,是作为国民经济发展的中坚力量顺应数字经济时代、建设数字中国的必然要求。2020年9月,国资委印发《关于加快推进国有企业数字化转型工作的通知》,就推动国有企业数字化转型作出全面部署与统筹规划,系统明确数字化的基础、方向、重点和举措,在宏观层面为国有企业数字化转型提供引导。国有企业率先推动数字化转型,也是作为政治和经济功能的混合体在新发展阶段承担特定使命的具体体现。国有企业肩负着经济责任、政治责任和社会责任,决定了在中国特色社会主义下国有企业是经济属性与社会属性的双重耦合,也构成了国有企业数字化转型的内生动力。

第一,从经济属性看,数字化有利于提高企业的经济绩效。国有企业是经济组织,承担着重要的经济责任,要讲求经济效益、创造更多的财富。国有企业必须充分认识新形势下推进数字化转型工作对企业高质量发展的重要意义,增强国有经济竞争力、创新力、控制力、影响力、抗风险能力,做强做优做大国有资本。

第二,从社会属性看,数字化有利于更好履行国企社会责任。社会属性决定了国有企业必须积极承担社会责任,在满足人民日益增长的美好生活需要中做出更大的贡献。以能源类国有企业为例,通过在能源的生产、消费、传输、交易等环节广泛应用数字化技术,能够直接或间接减少能源活动产生的碳排放量,助力中国"碳达峰、碳中和"目标的实现。

第三,从政治责任看,国企数字化转型能够引领和带动中国经济在这轮转型变革中占据国际竞争制高点。国有企业作为中国特色社会主义的重要物质基础和政治基础,应当勇于担当政治责任。因此,国有企业应该把企业发展规划同国家数字经济战略紧密衔接,当好数字化主力军、排头兵。

四 国有企业具备数字化转型的优势

国有企业在推进数字化方面有其特定优势。资源和能力是企业核心竞争优势的两大主要组成部分，充足持续的内外部资源和多层次全流程的核心能力为国有企业数字化提供了基础保障和动力来源。

一方面，从资源观视角来看，国有企业丰富的内部资源和政策资源能够为数字化转型过程提供资源保障。数字化转型周期长、成本高，因而也需要更多的持续的资源投入。国有企业有相对更丰富的内部资源，包括资金投入、设施设备投入和人才投入等，同时，天然的政府基因使国有企业更容易获得政策支持。并且，国有企业享有政府的隐形担保和财政背书，更容易在跨界合作中获得合作方的信任，从而引进数字化转型所需要的外部资源。

另一方面，从能力观视角来看，国有企业具有较强的资源整合能力、技术创新能力和可持续发展能力，为数字化转型过程提供能力支撑。第一，资源整合能力。国有企业拥有较强的内外部资源整合优势，能够充分利用数字化所需要的内外部资源，实现外部资源与内部资源之间的承接交融。第二，技术创新能力。相较于其他中小企业，国有企业资产雄厚，可以通过吸引技术人才和购买先进设备设施，实现技术创新。同时，国有企业作为特殊的市场主体，可以凭借其资金优势、市场优势和带动能力，通过主动对接高校和科研机构，推动产学研协同创新。国有企业的财力、人力和物力为研发活动提供稳定的资源保障，高校和科研院所的知识资本则成为国有企业实现技术创新和创新成果转化的重要因素，二者相辅相成、互为补充。第三，可持续发展能力。国有企业具备持续经营能力，更能够从长远角度进行数字化转型的顶层设计和战略规划，更适应数字化的长期性和艰巨性。

五 国有企业积极应对数字化转型的挑战

从整体情况来看，大部分国有企业数字化转型尚处于初级或者中级阶段,达到高级阶段的企业只有5.3%左右。从行业细分情况来看,不同行业数字化转型进度存在较大的差异。根据德勤的国企改革系列报告显示,互联网、电信和媒体资讯行业数字化水平较高,而汽车、电力、机械、油气、化工等国企集中的传统行业尚处于数字化转型的爆发起点或关键节点。具体而言,推动国有企业数字化转型的过程遇到的挑战主要有以下几点。

第一,中国正处于数字经济发展起步阶段,新型基础设施仍需要进一步完善。中国数字经济和实体经济融合不够深入,一大主要原因就在于新型基础设施供给不足。一方面,新型基础设施规划尚不成熟,规模体量不足以形成规模效应;另一方面,新基建的合作投资运营模式和相应的配套政策尚不清晰,一定程度上限制了新基建的推进。

第二,数字化转型过程复杂,具有长期性和艰巨性。企业数字化转型不仅仅是简单的技术升级,更是多维度、全流程、深层次的整体转型,需要重新构建企业的组织结构、企业文化、价值理念、生产方式、决策机制、沟通模式等,还要带动产业链上下游企业的协同转型。这一过程面临资金短缺、人才匮乏、技术不足、沉没成本高等一系列挑战,是长期而艰巨的任务。

第三,特殊的企业性质使国有企业数字化转型面临一些特有难题。一是,国有企业机构设置复杂、组织结构链条长。在进行数字化决策时,往往需要众多的部门参与讨论,决策周期长,可能延误数字化时机,从而错失先发制人的竞争优势;在实施数字化战略时,过于复杂的流程可能会削弱战略的实施效果,导致数字化难以触及基层或一些边缘部门。二是,国有企业体量大,存在一定的转换惰性。传统行业的国有企业在推行数字化的过程中,容易受到传统思想和固有模式的束缚,从而对企业的数字化转型形成负面锁定效应。具体而言,决策机制、沟通模式、生产方式的数字化可能难以被领导层、管理层和执行层接受。三是,国有企业主要领导实行任期制，可能存在"短视行为"。任期有限可能使领导成员更加关注在位期间的"政绩"而不愿意为数字化转型作长期战略规划。如果领导成员任期内的频繁变动导致数字化相关工作不能有效衔接，可能会带来战略的前后不一致性，从而影响战略实施效果。

对于国有企业而言，数字化转型的顶层设计不仅要考虑企业本身的经济效益，还要充分考虑对于整个产业数字化和现代化的拉动作用，引导数字经济和实体经济深度融合，推动经济高质量发展。所以，国有企业数字化战略的规划和实施过程要更贴近开放和共享理念，也因而更加复杂。因此，考虑到行业和企业的异质性，国有企业数字化转型的推进仍有很长的个性化发展道路要走。

第二节　分类改革与国有企业数字化转型

一　国有企业分类分层改革的理论进展与现实实践

分类分层改革是国有企业改革的一条主线，是中国在进行国企改革过程中的有益尝试，具有深远的理论与实践意义。

国有企业是中国特色社会主义的重要物质基础和政治基础，它的发展却面对诸如多重目标冲突、经营绩效停滞、僵尸企业清理缓慢等一系列疑难杂症，迫切需要体制上的改革与创新，分类分层改革是国有企业改革的一条主线。1978年以来，中国就在不断推进国企改革的进程，力求以最快速度、最优质量将其打造成为党和国家最可信赖的依靠力量。党的十八届三中全会通过的《中共中央关于全面深化改革若干重大问题的决定》，更是明确提出"允许更多国有经济和其他所有制经济发展成为混合所有制经济""公有制经济和非公有制经济都是社会主义市场经济的重要组成部分，都是中国经济社会发展的重要基础"等重要指示，鼓励各级政府与市场在提高混合所有制经济地位的基础上，做强、做优、做大国有企业。

学界对分类分层改革进行了大量的理论研究。杨瑞龙（1995）率先在对企业股份制改造的研究中提出了国企应当分类改革的观点。他指出，由于国有企业既要扮演弥补市场缺陷的角色，又要避免国有资产流失风险、提高国资运营效率，采用多级代理的模式对国有企业进行股份制改革的思路显然存在根本性不足。因此，我们应该在分类的基础上，对体量庞大、根系复杂，具有各类发展目标、战略规划的国有企业进行差异化改革，如提供公共产品企业、垄断性企业、竞争性企业等均应采用不同的制度转移安排。

此后，学界针对这一创造性理论展开了广泛讨论与延伸，提出了不同的国企分类分层方法。中国人民大学经济研究报告课题组（1998）依据竞争程度，更详细地将国有企业分为竞争性与非竞争性两类，其中非竞争性企业分为提供公共产品企业和从事基础工业、基础设施的垄断企业；张淑敏（2000）根据国有企业提供的产品性质和国有企业的规模差异，将国有企业分为竞争性与不完全竞争性两类，不完全竞争性的国有企业又可以分为提供公共产品的非竞争性国有企业与处于基础产业和支柱产业地位的垄断性国有企业；邵宁（2011）则从国有企业承担基本功能差异的角度，将国有企业分为功能性国有企业和竞争性国有企业两类，并将功能性国有企业再次细分为三个类型；高明华（2013）则是在对7家国有企业进行调研的基础上，对国有企业进行三分，包括公益性、竞争性、垄断性国有企业。

随着数学与信息理论的发展，分类分层的方法更为多样。周佰成等（2015）基于决策树方法提出了国企分类分层管理体系，将国有企业按六个层面进行递进分类，选择出不同的分类指标，每个分类指标代表一个决策层，形成一个分类指标体系；李丽琴等（2016）构建了"一主三辅"分类维度，按照"公益、特定功能、商业"标准将各维度进行量化赋值，增强了国有企业分类改革的可操作性；张晖明等（2019）则认为应在明确"分类"的基础上对国有企业进行"分层"改革，分层主要包括由投资链条延展派生的产权关系层级、国有资本投资重点选择与产业领域层次以及和"终极出资人"身份相关的政府行政层级。最近，戚聿东等（2021）基于三家中央企业的数字化变革案例，从企业的功能使命（商业功能性、战略功能性、公共功能性）差异出发，构建了市场、能力、公共三个数字化变革导向，分别对应敏捷强化、韧性强化和适应性强化的作用机制，较为系统地探索了国企数字化变革的机制与路径。

同时，与理论发展同步的相关政策不断出台。《关于深化国有企业改革的指导意见》对国企分类改革给出了相应指导措施。党的十五届四中全会报告中指出："国有经济布局要主要集中在国家安全、自然垄断、公共用品、支柱产业和高新技术产业等四大领域。" 2015年8月，中共中央、国务院正式公布下发了《关于深化国有企业改革的指导意见》，根据国有资本的战略功能定位和发展目标，结合不同国有企业在经济社会发展中的作用、现状和发展需要，将国有企业分为商业类和公益类，其中，商业类又分为主业处于充分竞争行业和领域的商业类国有企业和主业处于关系国家安全、国民经济命脉的重要行业和关键领域、主要承担重大专项任务的商业类国有企业。随后，国务院《关于改革和完善国有资产管理体制的若干意见》《关于国有企业功能界定与分类的指导意见》等文件又明确了对国有资产实施分类监管。

近年来，国企分类分层改革取得重大成果，国企改革也取得了新进展。自2015年中共中央、国务院《关于深化国有企业改革的指导意见》出台以来，中国不断部署国企改革"1＋N"政策体系，完善国企改革顶层设计。在"1＋N"政策体系的指导下，立足分类推进国有企业改革、完善现代企业制度、完善国有资产管理体制、发展混合所有制经济、强化监督防止国有资产流失、加强和改进党对国有企业的领导、为国有企业改革创造良好环境条件等七大板块推进国企改革。同时，政府积极推出系列专项行动促进国资国企高质量发展，包括"双百行动"、区域性综改试验、"科改示范行动"、11家央企国有资本投资公司试点、对标世界一流管理提升行动等。2020年6月，习近平总书记亲自主持召开中央全面深化改革委员会第十四次会议，审定了《国企改革三年行动方案（2020—2022年）》，国企改革持续向纵深推进。自此，中国国企改革以"1＋N"政策体系为顶层设计方案，以七大板块作为改革重点领域，并将系列专项行动纳入国企改革三年行动规划，形成了既具有顶层设计，又具有实际行动指南的国企改革框架。

表1-1　　　　国有企业改革三年行动（2020—2022年）计划

顶层设计	"1＋N"政策体系	《关于深化国有企业改革的指导意见》＋80余份相关的配套文件
七大板块	分类推进国有企业改革	《关于国有企业功能界定与分类的指导意见》
		《关于完善中央企业功能分类考核的实施方案》
	完善现代企业制度	《关于做好中央科技型企业股权和分红激励工作的通知》
		《中央企业公司制改制工作实施方案》
		《关于改革国有企业工资决定机制的意见》
		《中央企业控股上市公司实施股权激励工作指引》
	完善国有资产管理体制	《关于改革和完善国有资产管理体制的若干意见》
		《关于推动中央企业结构调整与重组的指导意见》
		《关于推进国有资本投资、运营公司改革试点的实施意见》
		《关于以管资本为主加快国有资产监管职能转变的实施意见》
	发展混合所有制经济	《关于国有企业发展混合所有制经济的意见》
		《关于鼓励和规范国有企业投资项目引入非国有资本的指导意见》
		《中央企业混合所有制改革操作指引》
	强化监督防止国有资产流失	《关于加强和改进企业国有资产监督防止国有资产流失的意见》
		《关于深化国有企业和国有资本审计监督的若干意见》
		《关于加强中央企业内部控制体系建设与监督工作的实施意见》

续表

顶层设计	"1+N"政策体系	《关于深化国有企业改革的指导意见》+80余份相关的配套文件	
七大板块	加强和改进党对国有企业的领导	《关于在深化国有企业改革中坚持党的领导加强党的建设的若干意见》	
		《中央企业构建"不能腐"体制机制的指导意见》	
	为国企改革创造良好环境条件	《加快剥离国有企业办社会职能和解决历史遗留问题工作方案》	
		《关于国有企业办市政、社区管理等职能分离移交的指导意见》	
系列专项活动	"双百行动"	《国企改革"双百行动"工作方案》(2018)	"双百行动"选取了百余户中央企业子企业和百余户地方国有骨干企业,打造国企改革尖兵
	区域性综改试验	《上海市开展区域性国资国企综合改革试验的实施方案》(2019)	区域性综改试验为了打造区域性国资国企改革示范样板,共两批7个地区入选,第一批:上海、深圳,同时选择沈阳开展国资国企重点领域和关键环节改革专项工作;第二批:武汉、杭州、西安、青岛
	"科改示范行动"	《百户科技型企业深化市场化改革提升自主创新能力专项行动方案》(2019)	"科改示范行动"共选取了200余户改革创新紧迫性较强的国有科技型企业,希望打造一批国有科技型企业改革样板和自主创新尖兵
	11家央企国有资本投资公司试点	中央经济工作会议	为加快实现从管企业向管资本转变,改组成立一批国有资本投资和国有资本运营试点公司
	对标世界一流管理提升行动	《关于开展对标世界一流管理提升行动的通知》(2020)	为完成"2022年中国部分国有重点企业管理达到或接近世界一流水平"的目标,国资委提出要综合分析世界一流企业的优秀实践,并对国有重点企业开展对标提升行动作出部署安排

二　分类分层推进国有企业数字化转型

在国企改革进一步深化的同时，国企也在加快推进数字化转型的工作。根据国有企业分类改革的精神，国有企业的数字化转型同样不能一刀切，需要精准施策。数字化是一个宽泛的、多维度的概念，数字化转型是差异化的、循序渐进的过程。同时，国有企业内部存在的显著的类别和层级差异导致不同国企对数字化转型关注点不同。因此，应当分类分层精准推进国有企业数字化转型。

（一）企业数字化具有宽领域、多维度特征

第一，数字化包括狭义的数字化和广义的数字化。狭义的数字化是指通过信息通信技术搜集各类信息，通过对信息的转码处理形成可度量的数据，再通过建立相关模型，对数据进行处理、分析和应用的过程。广义的数字化是指通过互联网、大数据、人工智能、物联网、区块链等信息技术，对应用数字化的各领域和各维度进行系统性、整体性、全面性变革。与狭义的数字化相比，广义的数字化不仅关注对具体数据的处理，而且更加关注数字化对商业模式、组织架构、生态体系等的赋能和重塑。

第二，从广义数字化的概念来看，数字化具有宽领域和多维度的特征。一方面，数字化的宽领域体现在数字化可以应用于各类主体、各个行业，从政府到企业，从农业、制造业到服务业，各类主体、各个行业均可以通过数字化转型来变革已有价值创造的模式，获得价值创造的机会，比如数字政府、农业数字化、智能制造等；另一方面，数字化的多维度体现在数字化可以参与各类业务的改造，从战略、运营、管理到研发、生产、营销、服务，数字化可以通过与各类业务层面的结合来创新商业模式，比如数字创新、数字制造、数字营销、数字服务、数字技术、数字治理等。

第三，数字化宽领域和多维度的特征决定了数字化转型不能一概而论。数字化的宽领域特征使各类型企业都具有数字化转型的机会，但不同企业数字化转型的经验不能直接照搬，往往会因企业的战略目标和业绩考核指标的不同存在差异，因此应设计精准的数字化转型方案。同时数字化多维度特征使企业的数字化转型难以一步到位，企业的数字化转型往往是从一个领域或几个重要领域开始布局的，随后不断向企业整体业务流程进行延伸和拓展，因此对数字化转型方向和侧重点的把握至关重要。

（二）国有企业存在显著的类别差异和层级差异

第一，国有企业根据企业类别和企业层级不同，具有差异化的功能定位、发展战略和绩效评估指标。从类别上看，根据《关于深化国有企业改革的指导意见》，国有企业主要分为商业一类、商业二类和公益类。商业一类国有企业，定位于按照市场化要求，独立开展经营活动，制定以提高经济效益和市场竞争力为目标的发展战略和绩效评估政策；商业二类国有企业，定位于发展关系国计民生的重点领域和前瞻性、战略性行业，在发展战略和绩效评估上会同时考察经营业绩情况和产业发展的社会影响；公益类的国有企业，定位于提供公共产品、服务社会民生，制定以提高社会效益为目标的发展战略和绩效评估政策。从层级上看，国有企业主要分为集团层面、子公司层面和分公司层面。集团定位于核心管理和组织协调功能，在发展战略和绩效评估上更加关注提高顶层设计能力和管理能力；子公司定位于不同地区或业务线的项目承接，在发展战略和绩效评估上关注核心业绩指标和产业链对接能力；分公司定位于专注提供某一具体产品或服务，在发展战略和绩效评估上关注产品生产或服务过程中的效率提升和技术改善。

第二，国有企业的差异化特征导致不同国有企业数字化转型过程中的关注点不同。从类别上看，商业一类的国有企业，在推进数字化时可能更加关注数字化对于降低成本、提升效率、增强市场竞争力等方面的举措；商业二类国有企业则希望通过对数字技术的应用，增强创新能力和科技能力，发展前瞻性、战略性产业。通过管理数字化提升内部管理能力,在关系国计民生的重点领域产生协同效应;而公益类国有企业,在推进数字化时可能更希望通过数字化变革提高服务质量、治理水平和保障能力。从层级上看,集团层可能更加关注数字化战略的顶层设计与统筹规划,并通过应用数字化系统提升组织管理水平;子公司可能更加关注数字化对业务模式的创新与变革作用;分公司可能更加关注数字化技术的应用对于具体生产经营环节的效率提升。因此,在国有企业数字化转型过程中,应当关注国有企业存在的差异,从而通过分类分层的方法推进国有企业数字化。

三 分类改革逻辑下国企数字化转型的目标和具体路径

(一) 商业一类国企数字化转型的目标

从数字化转型目标来看,商业一类国企主要分为两大类:一类是深耕于某竞争性行业的国企,如制造业、文化旅游业等;另一类是大型的综合性投资集团。商业一类国企通过数字化转型增强企业市场活力,引领竞争性行业高效率发展。从企业层面看,商业一类国企主要通过数字化转型以提高国有资本效率,建立符合市场经济要求和及时响应市场需求变化的企业经营机制。从宏观层面看,商业一类国企担任竞争行业国企领头雁的角色,肩负着推动整个产业转型升级,引领行业更高质量、更高效率、更持续发展的责任。

比如华侨城集团、吉林旅控集团分别在全国和吉林省的文化旅游行业数字化转型中起着引领作用;上汽集团将加快新一代数字化信息技术与汽车产业的深度融合,推动汽车产业创新升级和数字生态体系建立;川投集团、招商局和中化集团作为综合性多元化集团以数字化转型带动相关产业链中小企业加快数字化转型,形成数字化共生能力,推动生态化的产业链的转型升级。

(二) 商业二类国企数字化转型的目标

商业二类国企主要为涉及国家安全产业、经济支柱产业和其他前瞻性战略产业，其通过数字化转型以推动企业高质量发展，推动战略性产业转型升级。

商业二类国企以国家战略和经济发展需求为指引，聚焦主业，通过推动自身数字化转型升级、高质量发展以服务于宏观层面的战略要求。

比如，地方国企沈鼓集团作为中国重大技术装备行业的支柱型产业，通过企业运营管理与信息化、数字化的深度融合以提供更高质量和更完善的国产化装备和成套解决方案；兰石集团推进数字化转型，打造成具有数据洞察和产业整合能力的能源装备整体解决方案服务商，以提升国家能源装备和助力甘肃工业企业转型升级。大型央企中核集团、中广核集团、兵器装备集团和航天科技集团则肩负着国防建设和经济社会发展的双重使命，全面推进数字化建设以实现核工业、核电能源行业、军工行业和航天行业的高质量发展。

（三）公益类国企数字化转型的目标

公益类国企处于自然垄断行业，提供公共物品和服务。公益类国企主要通过数字化转型提高公共物品和服务的质量及效率，全力支撑和服务社会各界企业数字化转型升级。

例如，通信类企业中国电信为数字中国建设的主力军，通过数字化驱动智能化运营和服务能力的提升，带动各界数字化转型，发挥信息通信对产业链和经济社会发展的带动融通作用。

国家能源集团以数字化赋能高质量发展以保证能源安全稳定供应，推动数字经济与能源经济融合发展。机场、港口是基础枢纽型设施，在国家战略中具有重要地位，浙江省海港集团、广东机场集团持续推进新型基础设施建设，加快形成赋能数字化转型、助力数字经济发展的数字化新型基础设施体系，引领智慧港口生态、航空生态，提高各种交通方式信息衔接和组合效率，推动智慧城市建设，充分发挥国企新基建主力军优势。

（四）分类改革下国企数字化转型的具体路径

从数字化转型的路径来看，深耕于某竞争性行业的商业一类国企以用户需求为中心，在具体的业务场景中找到数字化的切入点，促进数字技术与业务运营的深度融合。同时，该类企业发挥行业领军地位，与多种所有制企业合作，构建全产业链的生态圈，促进产业链上下游企业协同发展。如文化旅游行业的华侨城集团和吉林旅控集团，适应新冠疫情下消费需求变化，构建数据云台，打造数字化运营和精准营销体系，推进用户服务敏捷化，加强产品和服务数字化创新，实现全链条用户服务。上汽集团向以"用户为中心"转变，实现从汽车制造、销售、服务支持等用户全生命周期的数字化转型，将用户运营中获得的实时高频数据反馈到各业务主体中，创造价值。

吉林旅控集团与阿里巴巴合作销售农产品，华侨城集团战略入股同程旅游等互联网企业以深化战略协同，上汽集团构建用户出行网状生态体系，与阿里巴巴等电商企业探索全渠道营销体验场景。对于业务多元化的综合性投资集团，发挥大集团的整体优势，一体化推进集团数字化建设，打造集团数字化统筹管理，充分发挥产业多元化优势，促进各产业内部的数字化转型以及产业间的数字化融合与发展，加强金融板块、信息产业与实体经济协同发展。

商业二类国企分布于前瞻性战略产业，聚焦主业主责，推动数字化与技术研发、产品创新相结合，构建数字化智能制造体系。中核集团推动核工业机器人与智能装备协同创新，提升数字核电产业链智能化水平，加速核燃料产业智能化升级；兵器装备集团大力实施数字兵装建设，航天科技集团构建模型和数据驱动的科研生产数字化体系，推进科研生产模式转型升级，打造航天智能制造体系；中核集团实施核电全寿期数据管理和智能管理，引入数字化新技术推动智慧核电、智慧新能等建设。兰州兰石集团聚焦支撑高端能源装备制造主责主业，推进产品智能化，构建智慧冶炼系统和打造焊接数字化车间，赋能离散型制造行业数字化转型。

公益类国企为社会各行各界提供公共物品和服务，数字化转型应当注意系统集成、一体化协同推进，以促进公平、提高效率。

具体来看，浙江省海港集团和广东机场集团在多个省市拥有多个交通枢纽，应当进行横向一体化，浙江省海港集团建立全省沿海港口统一的生产业务指挥中心数字化系统平台，对"船、货、港"全要素进行数字化管理，做大港口生态；广东机场集团建立全省机场一体化综合运行指挥平台，实现集团机场可视化智慧监管和协同运营，同时积极推动航空公司、机场等运行主体数据共享，构建一体化系统的民航体系，连接交通与城市。国家能源集团通过构建协同调度智能化智慧系统和工业互联网平台，推动"煤电路港航化"各产业高效协同和"产运销储用"纵向一体化运营，以更高质量和更高效率保证国家能源安全、助力构建新发展格局。中国电信加快推进云网融合，构建"5G+云+网+大数据"一体化的数字化运营流程和机制，同时加强网信及数据安全保障，建设一体化纵深防御体系，积极参与各地市新型智慧城市建设，打造数据中台，赋能各行各业转型升级。

表1-2　　分类分层下国有企业数字化转型的具体内容与路径

	商业一类	商业二类	公益类
分类	一类是深耕于某竞争性行业的国企，如制造业、文化旅游业等；另一类是大型的综合性投资集团	主要为涉及国家安全产业、经济支柱产业和其他前瞻性战略产业	处于自然垄断行业，提供公共物品和服务
数字化转型目标	通过数字化转型以增强企业市场活力，引领竞争性行业高效率发展	通过数字化转型以推动企业高质量发展，推动战略性产业转型升级	通过数字化转型提高公共物品和服务的质量及效率，全力支撑和服务社会各界企业数字化转型升级

续表

	商业一类	商业二类	公益类
具体案例	1. 华侨城集团、吉林旅控集团分别在全国和吉林省的文化旅游行业数字化转型中起着引领作用； 2. 上汽集团将加快新一代数字化信息技术与汽车产业的深度融合，推动汽车产业创新升级和数字生态体系建立； 3. 川投集团、招商局和中化集团作为综合性多元化集团以数字化转型带动相关产业链中小企业加快数字化转型，形成数字化共生能力，推动生态化的产业链的转型升级	1. 地方国企沈鼓集团作为中国重大技术装备行业的支柱型产业，通过企业运营管理与信息化、数字化的深度融合以提供更高质量和更完善的国产化装备与成套解决方案； 2. 兰石集团推进数字化转型，打造成具有数据洞察和产业整合能力的能源装备整体解决方案服务商，以提升国家能源装备和助力甘肃工业企业转型升级； 3. 大型央企中核集团、中广核集团、兵器装备集团和航天科技集团则肩负着国防建设和经济社会发展的双重使命，全面推进数字化建设以实现核工业、核电能源行业、军工行业和航天行业的高质量发展	1. 通信类企业中国电信为数字中国建设的主力军，通过数字化驱动智能化运营和服务能力的提升，带动各界数字化转型，发挥信息通信对产业链和经济社会发展的带动融通作用； 2. 国家能源集团以数字化赋能高质量发展以保证能源安全稳定供应，推动数字经济与能源经济融合发展； 3. 浙江省海港集团、广东机场集团持续推进新型基础设施建设，加快形成赋能数字化转型、助力数字经济发展的数字化新型基础设施体系，引领智慧港口生态、航空生态，提高各种交通方式信息衔接和组合效率，推动智慧城市建设，充分发挥国企新基建主力军优势
数字化转型路径	深耕于某竞争性行业的商业一类国企以用户需求为中心，在具体的业务场景中找到数字化的切入点，促进数字技术与业务运营的深度融合	分布于前瞻性战略产业，聚焦主业主责，推动数字化与技术研发、产品创新相结合，构建数字化智能制造体系	为社会各行各界提供公共物品和服务，数字化转型重视系统集成、一体化协同推进，以促进公平、提高效率

续表

	商业一类	商业二类	公益类
具体案例	1. 文化旅游行业的华侨城集团和吉林旅控集团，适应新冠疫情下消费需求变化，构建数据云台，打造数字化运营和精准营销体系，推进用户服务敏捷化，加强产品和服务数字化创新，实现全链条用户服务； 2. 上汽集团向以"用户为中心"转变，实现从汽车制造、销售、服务支持等用户全生命周期的数字化转型，将用户运营中获得的实时高频数据反馈到各业务主体中，创造价值； 3. 该类企业发挥行业领军作用，与多种所有制企业合作，构建全产业链的生态圈，促进产业链上下游企业协同发展，如吉林旅控集团与阿里巴巴合作销售农产品，华侨城集团战略入股同程旅游等互联网企业以深化战略协同，上汽集团构建用户出行网状生态体系，与阿里巴巴等电商企业探索全渠道营销体验场景； 4. 对于业务多元化的综合性投资集团，发挥大集团的整体优势，一体化推进集团数字建设，打造集团数字化统筹管理，充分发挥产业多元化优势，促进各产业内部的数字化转型以及产业间的数字化融合与发展，加强金融板块、信息产业与实体经济协同发展	1. 中核集团推动核工业机器人与智能装备协同创新，提升数字核电产业链智能化水平，加速核燃料产业智能化升级； 2. 兵器装备集团大力实施数字兵装建设；航天科技集团构建模型和数据驱动的科研生产数字化体系，推进科研生产模式转型升级，打造航天智能制造体系； 3. 中核集团实施核电全寿期数据管理和智能管理，引入数字化新技术推动智慧核电、智慧新能等建设； 4. 兰州兰石集团聚焦支撑高端能源装备制造主责主业，推进产品智能化，构建智慧冶炼系统和打造焊接数字化车间，赋能离散型制造行业数字化转型	1. 浙江省海港集团和广东机场集团在多个省市拥有多个交通枢纽，应当进行横向一体化，浙江省海港集团建立全省沿海港口统一的生产业务指挥中心数字化系统平台，对"船、货、港"全要素进行数字化管理，做大港口生态，广东机场集团建立全省机场一体化综合运行指挥平台，实现集团机场可视化智慧监管和协同运营，同时积极推动航空公司、机场等运行主体数据共享，构建一体化系统的民航体系，连接交通与城市； 2. 国家能源集团通过构建协同调度智能化智慧系统和工业互联网平台，推动"煤电路港航化"各产业高效协同和"产运销储用"纵向一体化运营，以更高质量和更高效率保证国家能源安全、助力构建新发展格局； 3. 中国电信加快推进云网融合，构建"5G+云+网+大数据"一体化的数字化运营流程和机制，同时加强网信及数据安全保障，建设一体化纵深防御体系，积极参与各地市新型智慧城市建设，打造数据中台，赋能各行各业转型升级

第三节 国有企业分层数字化转型的实践案例及差异

一 中粮集团分层数字化转型的实践

2016年7月18日，中粮集团全面启动国有资本投资公司改革，从"顶层设计"入手，从"管资产"转向"管资本"，通过重建集团管控模式，实现"小总部，大产业"。中粮集团按照中央国企改革"顶层设计"的要求，通过分离资本运作与资产经营，探索构建定位清晰且职责明确的"集团总部资本层—专业化公司资产层—生产单位执行层"三级架构，努力实现政企分开、投资和经营分开、所有权和经营权分开。

集团总部是资本运营中心，承担保障国家粮油食品安全的战略功能，职能集中体现为三大平台：一是投资平台，即代表国家向规定范围内的产业进行投资；二是融资平台，即运用金融杠杆的手段，在国际上代表国家直接融资；三是整合平台，即代表国家对行业进行大规模整合，把分散在各个领域涉及粮食和食品的国有资产进行整合优化，解决"小散乱"的问题，确保国有资产保值增值。在集团总部进行数字化转型过程中，中粮集团建立信息化建设领导小组，以集团"一把手"工程的高度强化对数字化升级下多业务的掌控，建立贯穿从总部到基层的业务流程协同；在集团层面成立了专门的科技公司——中粮信息科技有限公司，有200人左右的IT团队做集团统建系统的运维和建设；围绕集团综合信息化"一个平台，一个标准，数字自然生成"的建设目标，展开了涉及近200个组织、约6万名员工的业务流程改造工程，围绕"粮、油、糖、棉"的核心业务，以致远互联智能BPM平台集成财务、供应链、采购、电商等业务流程，建设了一体化、可视化、数据化的"协同运营中枢"，形成了集团内自上而下的全业务流程管理框架，从而驱动组织效率的提升。

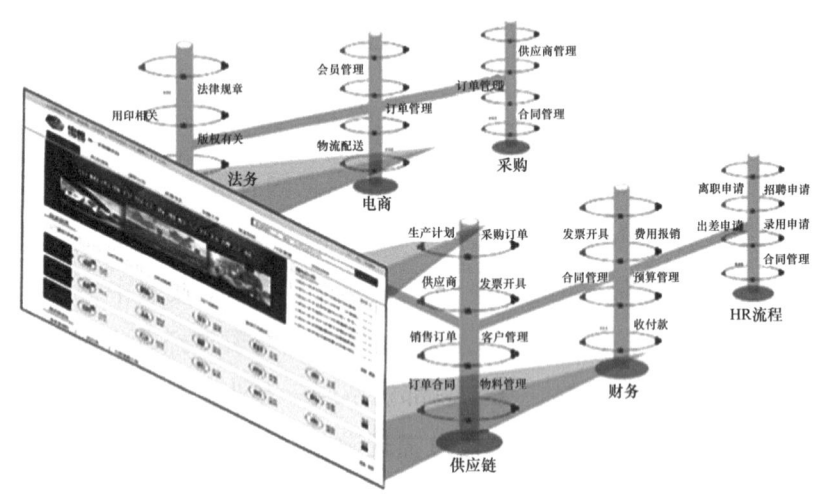

图 1-1　中粮集团分层数字化转型的实践路线
图片来源：北京致远互联软件股份有限公司。

专业化公司是资产运营实体核心，是集团直接管理的资产运营企业，制定竞争战略，负责资产的调度、配置和生产运作；对影响运营效率的各关键环节进行整体把控，对资源调配、财务资金、创新研发、品牌建设等职能进行统一管理；对资产运营的盈利回报负责，接受集团的预算和考核。集团旗下的 18 家专业公司高度重视数字化建设，由专业的 IT 团队建设除核心系统之外的业务系统，进行数字化系统建设。不同类型的专业化公司根据自身业务特点进行数字化转型，中粮粮谷开展线上营销新模式，利用短视频平台举行健康饮食科普、美食云教学等活动；中粮油脂依托数字化手段推动供应链上下游的联动，从营销各环节的各个关键节点入手，点对点进行数字化赋能，打造业务系统 GT 和 CASS 系统、营销系统 SFA 和 TPM 系统、OTMS 系统、一卡通系统、财务共享系统等，最终实现营销业务闭环管理；中粮家佳康不断创新数字化手段，搭建智能养殖场，共享客商生态圈，积极尝试抖音直播新模式；中粮福临门将依托玄讯快销100建立一个集全面预算管理系统、全面营销管理系统、全供应链管理系统以及财务共享中心于一体的运营管理中台,进一步推进中粮福临门信息化管理变革。

生产单位是执行层,负责业务的具体生产运营,包括原料采购、产品生产、销售、成本管理、售后服务等。生产运营层包括粮库、工厂、码头、产业园、区域分公司等。在生产执行层,中粮集团注重员工的数字化技能培训,提高员工应用数字化系统的熟练度,如售后服务管理系统、财务系统、CRM管理系统等;注重数据收集,加强产品生产或服务过程数据动态采集,积极引进基层数字化人才,加强基层数据智能分析和技术开发能力,推动基础数字技术设施建设,并反馈到集团数据中心,反向推动总体战略规划的完善。在考核上,实施全员劳动合同制、员工末位调整制度、员工持股制度、人才盘点机制,统筹运用各类中长期激励政策,推动企业发展与员工利益有效绑定。

二 资本层、资产运营层、生产执行层的数字化转型差异

从上述案例可以看到,中粮集团在推进数字化转型的过程中,根据资本层、资产运营层、生产执行层的定位与职能,采取了不同的数字化转型策略,侧重点有所不同,从而使数字化转型更为精准有效。在深度剖析中粮集团案例的基础之上,本书从职能定位、选聘制度、组织管理、转型路径、系统建设、考核方式等角度,对比了中粮集团分层数字化转型的差异。

表1-3 资本层、资产运营层、生产执行层的数字化转型差异

	资本层	资产运营层	生产执行层
职能定位	资本运作,定战略、作决策、防风险	制定竞争战略,负责资产的调度、配置和生产运作	业务的具体生产运营

续表

	资本层	资产运营层	生产执行层
选聘制度	主要由政府委派，董事长、副董事长由政府从董事会成员中指定，侧重数字化思维和能力的考察	推行职业经理人制度，市场化选拔数字化转型领导干部	市场化招聘，公开透明、平等竞争、择优选用，选拔具有一定知识和数字化系统操作能力的员工
组织管理	成立数字化转型领导小组；实施"一把手"工程，高度强化对数字化升级下多业务的掌控；成立了专门的科技公司——中粮信息科技有限公司，有 200 人左右的 IT 团队做集团统建系统的运维和建设	成立数字化转型工作小组，加强统筹。例如蒙牛集团建立集团数字化转型办公室，由集团 CEO 亲自牵头，集团信息部、各事业部一把手、销售部和市场部一把手以及各职能部门负责人共同组成	成立数字化系统实操团队，建立数字化转型培训和考核制度，编制数字化系统操作手册，常态化数字化系统操作培训
转型方向	管理数字化（战略、财务、风控、监察、党建、人资）	数据业务化（数据驱动决策）	业务数字化（采购、生产、研发、营销、售后全流程）
系统建设	数据中台建设，以致远互联智能 BPM 平台集成财务、供应链、采购、电商等业务流程，打造数字化的"协同运营中枢"；建设职能系统，移动办公 OA 系统、HER 系统、财务系统、风险监控平台等；建设核心系统，集团统建 SAP、BPM 营销系统，订货管理平台，售后服务管理系统等	业务系统建设，根据自身业务特点建设除核心系统之外的业务系统，打造专业化业务平台。中粮油脂建设业务系统 GT 和 CASS 系统；营销系统 SFA 和 TPM 系统；此外还有 OTMS 系统、一卡通系统、财务共享系统等	数据终端建设，统筹部署数据采集设备，提升数据采集质量

续表

	资本层	资产运营层	生产执行层
考核方式	集团对所有党组管理领导人员全面实施任期制和契约化管理，统一签订《任期目标责任书》，建立以平时考核为基础、年度考核和任期考核为重点、"担当作为"专项考核为补充的综合考核体系，强化考核结果刚性运用	推行三年任期经营目标责任制，根据三年任期净利润加总值的实现情况来决定激励和惩罚力度，将强激励与硬约束统一起来	实施全员劳动合同制，员工末位调整制度，员工持股制度，人才盘点机制，统筹运用各类中长期激励政策，推动企业发展与员工利益有效绑定

第四节 国有企业分层数字化转型的路径

一 集团总部资本层

集团总部资本层面应以管理数字化为核心，加强数字化战略顶层设计，着力提高管理数字化水平，扩大子（分）公司经营自主权，提高监管和风控能力。

第一，在组织管理上，集团要成立数字化转型领导小组，加强统筹。领导小组要以构建企业数字时代核心竞争能力为主线，制定数字化转型方案，纳入企业年度工作计划，明确转型方向、目标和重点，擘画商业模式、经营模式和产业生态蓝图愿景。集团要实施"一把手"工程，高度强化集团高层对数字化升级下多业务的掌控，加强数字化转型顶层设计。此外，集团要成立专门的科技公司，统筹集团数字化系统的运维和建设。

第二，在转型路径上，要坚持以管理数字化为核心，加强数字化战略顶层设计。集团总部主要负责国有资本的配置与监管，要将资产运营职能全部下放至专业化公司，包括用人权、资产配置权、生产和研发创新权、考核评价权和薪酬分配权五大类关键权力，重点加强战略、财务、风控、监察、党建、人资等方面的数字化建设，重点建设职能系统和业务核心系统，例如移动办公 OA 系统、HER 系统、财务系统、风险监控平台、核心营销管理系统、全供应链管理系统等，打造数字化的"协同运营中枢"，构建集团内自上而下的全业务流程管理框架。

第三，在选聘考核上，注重数字化领导能力考察。在选聘上，集团总部领导主要由政府委派，董事长、副董事长由政府从董事会成员中指定，在委派时要侧重数字化思维和能力考察。在培训上，要加强集团领导层的数字化培训，更加关注打通视野、战略和长期规划的瓶颈，帮助高层管理者探寻适合企业自身的数字化转型路径，并进行统筹规划和顶层设计。在考核上，对领导干部实施任期目标责任制，将数字化转型纳入领导任期考核指标中，实行契约化管理，以合同契约的形式把任期目标与薪酬激励、考评聘用有效衔接，重构各级干部心理契约。

第四，在保障机制上，要完善顶层体制机制建设。在资金保障上，集团要综合利用混改、员工持股、上市和设立基金等股权运作方式筹措资金进行数字化转型，以基金为手段，发挥基金杠杆效应和集聚效应，撬动社会资本与金融资本力量。在监管上，国资委要制定监管清单和责任清单，明确对国有资本投资、运营公司的监管内容和方式，依法落实国有资本投资、运营公司董事会职权；要进一步加大授权放权力度，按照"一企一策"原则，在战略规划、业务管理、工资总额、选人用人、股权激励、产权管理、重大财务事项等方面赋予试点企业更充分的自主权。

二 专业公司资产运营层

专业公司资产运营层面应以数据业务化为核心，推进数字化管理与业务经营管理相结合，用数据推动决策，提高资产运营效率和效益。

第一,在组织管理上,要成立数字化转型工作小组,加强落实。数字化转型不能只存留在纸面上,更重要的是落实。各专业化公司应当根据全方位规划,分段实施,分类施策,挑选效果明显、对公司管理意义重大的痛点进行改造,同时根据自身情况不断调整,拓展到企业中的其他领域。

第二,在转型路径上,要坚持以数据业务化为核心,用数据驱动决策。企业要通过参透业务的本质,满足客户的核心诉求之后,将业务的所有行为全面数字化和在线化,洞察所有的业务数据,然后对数据进行分析,用数据作决策,用数字化的方式改变原有的商业模式。此外,专业化公司要加强业务系统建设,根据自身业务特点建设除核心系统之外的业务系统,打造专业化业务平台;要通过集团IT部的数据中台,抽取集团业务数据,积累自身业务需要的数据,经过过滤、清洗、整理,构造自己的数据中台。

第三,在选聘考核上,注重数字化建设能力考察。在招聘上,专业公司要根据董事会授权负责国有资本日常投资运营,探索在非绝对控股企业或非核心主业推行职业经理人制度,通过公开招聘、外部寻聘、内部选聘、内部员工转岗等方式多渠道选拔数字化转型领导人。在培训上,要加强中层干部培训工作,帮助他们提高基于数据的业务分析能力和人才管理能力,以便能够带领团队进行数字化工作。在考核上,专业公司要建立以财务管控为主的模式,对所持股企业考核侧重于数字化转型对国有资本流动和保值增值的带动状况。

第四,在保障机制上,要利用专项资金加强人才建设。企业要设立专项资金,定期举办省属企业数字化转型研修班、数字化发展能力专题培训,组织典范企业观摩交流活动,提升内部干部的数字化转型意识与能力。要探索建立"首席数字官"制度,构建"高校—科研机构—企业"联动的人才需求对接和定向培养机制,发展订单制、现代学徒制等多元化人才培养模式,培育复合型的数字化人才梯度队伍，配置业务转型领域专业人才。政府要配套出台人才政策，在数字人才的薪酬待遇、子女教育、住房保障、科研经费等方面予以支持。

三 生产单位执行层

生产单位执行层面要以业务数字化为核心，实现业务的所有行为全面数字化和在线化，加强基层员工数字化操作培训，着力完成数字化转型的落地工作。

第一，在组织管理上，成立数字化系统实操团队，加强培训。在生产执行层最重要的是数据的收集，而数据收集需要一线工人能真正操作数字化系统，因为一线工人如果不理解数字化的目标与重要性将导致数据归集工作无法推进，不具备相应的技术知识储备将导致数字化应用无法落地实践，等等。因此，公司要建立数字化转型培训与考核制度，编制数字化系统操作手册，常态化数字化系统操作培训，如售后服务管理系统、财务系统、CRM 管理系统等；注重数据收集，加强产品生产或服务过程数据动态采集，积极引进基层数字化人才，提升基层数据智能分析和技术开发能力，推动基础数字技术设施建设，并反馈到集团数据中心，反向推动总体战略规划的完善。

第二，在转型路径上，坚持以业务数字化为核心，注重数据采集质量。企业数字化转型带来的最大价值是数据驱动的管理决策，对收集的数据进行分析和决策，从而提高决策的成功率。而进行数据决策的第一步是将业务的所有行为全面数字化和在线化，进行原始数据的采集。因此，企业要在采购、生产、研发、营销、物流、售后等全流程环节进行数字化转型，将各类业务流程环节中产生的信息，通过信息化技术手段规整为可统一处理、统一分析和统一使用的"数字化"信息。

第三，在选聘考核上，注重数字化操作能力考察。在招聘上，要实施公开透明、平等竞争、择优选用的市场化招聘制度，选拔具有一定知识和操作能力的工人。在培训上，企业要面向一线工作人员和基层管理者，在熟悉业务流程和细节的基础上，帮助他们提高数字化系统的运用能力，从而使企业的数字化能力与业务模块融合，在日常工作中不断提高效率。在考核上，要加强对员工使用数字化系统情况的考核，强化内部激励，建立与业绩考核紧密挂钩的激励约束机制。

第四，在保障机制上，要健全基层规章制度，落实业务数字化。在资金保障上，要设立专项资金，加强基层员工数字化知识和操作培训，升级改造基层数字化设施。在制度建设上，要完善企业数字化转型的相关规章制度，包括编写数字化系统操作手册、制定数字化考核标准和制度、数字人才引进保障制度等，切实推动企业数字化落地。

第五节　国有企业分类分层数字化转型展望

国有企业分类改革进入深水区，需要"分层改革"机制配合。2015年8月，中共中央、国务院印发的《关于深化国有企业改革的指导意见》明确提出国有企业分类改革战略以来，中国根据国有资本的战略定位和发展目标，结合不同国有企业在经济社会发展中的作用、现状和发展需要，将国有企业划分为商业类和公益类。通过界定功能、划分类别，实行分类改革、分类发展、分类监管、分类定责、分类考核。同时，推进国有企业的混合所有制改革。国有企业分类改革卓有成效，极大地激发了企业的活力，但分类改革下"企业分类标准难以确定、企业产权不明晰、权责不明确、内部治理结构不完善、政企不分、所有权不可转让"等问题仍然没有得到解决，改革进入深水区进展缓慢，需要分层改革的配合。对国有资产实行分层管理，可以在政资分开的基础上实现政企分开、投资和经营分开、所有权和经营权分开，赋予企业法人更大更多的经营决策自主权，以加强提高企业决策的灵活性，提高企业的经营活力。在明确"分类"的基础上，引入对国有资产的"分层"管理，以推进国有资产配置运营管理更好地与市场经济的"活性"相融合，使"混合所有制"改革动作更加扎实，"数字化转型"更加精准有力。

在推进国有企业数字化转型的过程中，分层转型同样需要与分类转型相结合。国有企业具有差异化、多维度、复杂化的特征，要根据国有企业所处行业（商业与公益）和层级（资本层、运营层、执行层）的不同及所提供产品（私人产品与公共产品）的差异实施不同的数字化转型模式，分类分层地推进数字化转型战略，从而提高转型的效率。从分类的视角看，商业一类国企应以经济效益最大化为目标，运用市场机制和社会资源实现数字化转型。商业二类的国企应注重国家战略和经济发展的需要，利用专项资金进行数字化、智能化升级，同时注重数据安全建设。公益类国企则需达到提高公共物品和服务的质量与效率的目的，利用政府财政补贴和社会资金，提升数字化服务水平。从分层的视角看，集团总部资本层面应加强数字化战略顶层设计，着力提高管理数字化水平，扩大子（分）公司经营自主权。专业公司资产运营层面应以数据业务化为核心，推进数字化管理与业务经营管理相结合，用数据推动决策。生产单位执行层面要以业务数字化为核心，实现业务的所有行为全面数字化和在线化，完成数字化转型的落地工作。

总之，国有企业数字化转型是一项艰巨性、长期性和系统性的工程。在进行数字化转型的过程中，国有企业要根据自身分类定位推动不同侧重点的数字化，根据不同层级企业的特点实行差异性的数字化，循序渐进地推进"差异化—数字化"战略。

第六节　分类分层推进企业数字化转型的政策支持

国有企业数字化转型是一项艰巨性、长期性和系统性的工程。数字化是一个多维度的、宽泛的概念，需要差异化的数字化战略，同时数字化要循序渐进，因此，不同类型的国企应该推动不同侧重点的数字化，不同层级的国企实行差异性的数字化。

一　分类分层下国有企业数字化转型的现有政策梳理

（一）商业一类数字化转型政策

推进商业一类国有企业数字化转型，要充分利用市场化机制，探索构建"揭榜挂帅"等联合创新机制，让社会优质资源参与到国有企业数字化转型中去。比如，北京市发挥中关村数字经济产业联盟等社会组织的作用，探索构建"揭榜挂帅""赛马"等联合创新机制，引入社会资源；上海市2021年举办国资国企数字化转型创新大赛，共征集到1014家企业提供的超过1500个场景解决方案，市属国企已经与30家创新大赛头部企业签订战略合作协议，并发布"有数了"数字化转型供需对接云平台。

（二）商业二类数字化转型政策

推进商业二类国有企业数字化转型，要瞄准国家重大项目和政府重大专项任务，利用专项资金进行数字化、智能化升级，同时注重数据安全建设。上海市建设云研发、云设计和云制造平台，推动智能装配、工业数据和知识、算法的综合应用，推进集成电路、生物医药等领域云平台等的建设，提升研发效率；推进以智慧建筑、绿色建筑、智能建造为重点的建筑建造领域数字化转型。广州市加快产业数字化转型，包括推进生产制造自动化、智能化，运用数据要素重塑商业模式，打造行业领先的转型样板；从构建数字化管理体系及加强安全管理防护两方面着手全面提升数字化管理水平。

（三）公益类数字化转型政策

推进公益类国有企业数字化转型的政策以提高公共产品和服务质量与效率为核心，利用政府财政补贴和社会资金，提升数字化服务水平。例如，北京市组建智慧城市科技发展平台公司，推进城市管廊建设和管网改造，全面完成智能化水、电、气、热表具改造，培育发展智慧公交、智慧地铁等公共交通服务，为智慧城市基础设施建设提供一体化解决方案。上海市推动农机智能化升级、农技数字化提升，建立"从田地到餐桌"的全过程追溯和供应链协同，打造规模化、全过程的生产作业数字化模式。重庆市推进市属国有投资类企业落地实施一批5G、城市轨道交通、新能源汽车充电桩、城市智能中枢、人工智能等新型基础设施建设项目。

二 分类分层下推动国有企业数字化转型的政策建议

表1-4　　　　分类分层下国有企业数字化转型的政策定位

	商业一类	商业二类	公益类
组织管理	成立企业数字化转型领导小组，加强统筹；将数字化转型纳入领导考核指标		
^	推行职业经理人制度，侧重从市场选拔数字化转型领导人才	侧重从企业内部选拔数字化转型领导人才	管理层主要由上级股东单位任命或解聘，在选聘时要侧重对候选人数字化转型能力内容的考察
转型方向	生产运营智能化、产品创新数字化	产业体系生态化、生产运营智能化	用户服务敏捷化、产品创新数字化
转型模式	市场导向型	能力导向型	公共导向型
转型方式	深化混合所有制改革，积极参与市场竞争，利用市场资金进行数字化转型	探索混合所有制改革，发挥国有资本在数字化转型中的主导作用	通过购买社会服务、特许经营、委托代理等方式进行数字化转型

续表

	商业一类	商业二类	公益类
财政支持	以市场化筹措资金为主，财政适当补贴为辅	政府专项资金支持，适当引入社会资本	以财政补贴为主，自筹资金为辅
考核方式	经济效益最大化，兼顾社会效益	国家利益最大化，兼顾经济效益	社会效益最大化，适当引入社会评价

（一）商业一类数字化转型建议

针对商业一类国有企业数字化转型的政策，要以深化混合所有制改革激发市场活力为核心，以市场运作为主，政策引导为辅。

第一，在组织管理上，政策要引导该类国有企业深化混合所有制改革，深入推进职业经理人制度，通过公开招聘、外部寻聘、内部选聘、内部员工转岗等方式多渠道选拔数字化转型领导人才，要探索建立"首席数字官"制度，培育复合型的数字化人才梯度队伍，配置业务转型领域专业人才。政府要配套出台人才政策，在数字人才的薪酬待遇、子女教育、住房保障、科研经费等方面予以支持。

第二，在转型路径上，商业一类国有企业数字化转型要坚持市场化转型导向，以创造经济价值为核心构建市场型数字生态和敏捷运营模式，形成以数字价值为核心的经济型商业模式（戚聿东等，2021）。该类国有企业积极参与市场竞争，利用市场资金侧重向生产运营智能化、产品创新数字化方向进行数字化转型，通过数字化着力提高自身生产和管理效率，创造更多经济利润，实现国有资产增值。在该类国有企业数字化转型时，政府要尽量减少干预，但要出台政策指引，通过税收、奖金、补贴等激励政策引导企业转型方向。

第三，在制度保障上，要健全激励与考核制度。在财政支持方面，政府要尽量减少对该类国有企业的补贴和资金支持，鼓励企业通过市场化渠道筹措资金，鼓励支持企业利用资本市场，通过首发上市、增资扩股、发行债券等多种方式筹措资金；政府可对数字经济企业上市、发行数字化转型专项债券等融资方式给予补贴和奖励。在考核制度方面，要建立健全数字化转型考核评估机制，对该类国有企业坚持经济效益最大化原则进行考核，侧重考察数字化转型对国有资产保值增值的影响，兼顾社会效益。

（二）商业二类数字化转型政策建议

针对商业二类国有企业数字化转型的政策，要以服务于国家重大战略和政府重大任务为核心，以政策引导为主，市场运作为辅。

第一，在组织管理上，政策要引导该类企业探索混合所有制改革，发挥国有资本在数字化转型中的主导作用。在管理层选拔上，要推行管理层由股东推荐、内部竞争和市场化选聘相结合的产生方式，侧重从国有企业内部选拔数字化转型领导人才。省市国资委要出台相关政策，设立专项资金，定期举办省属企业数字化转型研修班、数字化发展能力专题培训，组织典范企业观摩交流活动，提升企业内部干部的数字化转型意识与能力。

第二，在转型路径上，商业二类企业要坚持以服务于国家重大战略和政府重大任务为核心，向能力导向型方向转型，构建能力型数字生态和能力运营模式，形成企业核心能力应对重大战略挑战并服务于国家发展大局，形成以数字能力价值为核心的能力型商业模式（戚聿东等，2021）。政府要出台相关政策，设立专项资金，健全相关体制机制，着力支持前瞻性战略产业、国家安全产业、经济支柱产业、数字基础设施等重点领域的国有企业发展。

第三，在制度保障上，要加强财政支持，优化考核制度。在财政支持上，政府要设立专项资金，优化资金使用方向，引导该类国有企业进行数字化转型；要设立数字化转型专项基金，发挥省市产业（创业）投资引导资金作用，吸引更多社会资本投向数字化发展重点领域；要积极落实国家各项税收优惠政策和大规模减税降费政策，加大对承担国家重大项目和任务企业的税收支持力度。在考核方式上，要优化考核指标，坚持国家利益最大化原则，重点考核数字化转型帮助企业服务国家战略、保障国家安全和国民经济运行以及完成特殊任务的情况，兼顾经济效益；要支持省市国有企业以关键性技术创新为抓手提升核心竞争力，构建以创新为导向的分层分类分阶段差异化考核机制。

（三）公益类数字化转型政策建议

针对公益类国有企业数字化转型的政策，要以提高公共产品和服务的质量与效率为核心，以财政补贴为主，自筹资金为辅。

第一，在组织管理上，政府要根据公益类国有企业的业务特点，加强分类指导，有序推进具备条件的企业进行混合所有制改革，支持企业通过购买服务、特许经营、委托代理等方式进行数字化转型。在管理层的选拔上，主要由上级单位任命或解聘，在选聘时要侧重对候选人数字化转型方面能力的考察。政府要加强对公益类国有企业管理层选拔的监督，将数字化转型纳入领导考核指标。

第二，在转型路径上，公益类国有企业要以提高公共产品和服务的质量与效率为核心，向公共导向型方向转型，要通过供给侧结构性改革构建社会型数字生态和适应性运营模式，构建以数字公共价值为核心的公共型商业模式（戚聿东等，2021）。政府要引导该类国有企业通过数字化转型提升用户服务敏捷化、产品创新数字化水平，向社会公众提供更好的公共服务和产品。

第三，在制度保障上，要加大财政补贴，健全考核制度。在财政支持上，政府要设立数字化转型专项资金，帮助公益类企业进行数字基础设施建设，引导该类企业进行数字化转型；以多种形式加大国有资本对公益性行业的投入，重点支持公共基础设施、节能环保、科研以及党中央、国务院文件明确规定的其他公益性行业国有企业进行数字化转型；要发挥税收等政策引导作用，加大对公益类国有企业的税收支持力度。在考核制度方面，要坚持社会效益最化，重点考核数字化转型对提高公共产品和服务的质量与效率的作用，适当引入社会评价机制；要构建长效激励约束机制，探索建立更具灵活性和市场竞争力的工资总额动态调整机制，激发公益类国有企业员工运用数字化工具的积极性。

第 二 章

国有企业数字化转型的特征、微观影响与驱动因素

第一节 国有企业数字化转型的现状与特点

一 企业数字化转型的测度

对企业数字化进行测度和评价是目前研究工作中的一个难点。大量的研究选择基于文本分析测度企业数字化程度。学者们大致采用两类方法测度数字化转型的程度。

第一，基于企业年报分析。已有多位学者通过从年报中发掘数字化转型的信息，测度企业数字化转型的相关情况。一般有两种方法：第一种是通过纯人工判断企业当年是否进行数字化转型，生成虚拟变量刻画企业数字化转型的情况（何帆、刘红霞，2019）；第二种是通过文本分析的方法测度。学者们通过 Python 对年报进行处理，得到企业数字化转型的相关信息，进而构建企业数字化转型强度变量。吴非等（2021）通过整理数字化转型相关文献、政策文件以及研究报告，构建数字化转型相关词库，统计这些关键词在企业年报中出现的次数，以词频测度企业数字化转型的强度。袁淳等（2021）则是基于自己构建的词库，计算这些词在年报所有词汇中的占比，以占比数据刻画企业数字化转型的强度。此外，还有学者在文本分析的基础上，结合人工打分的方法测度企业数字化转型强

度。如赵宸宇等（2021）建立了数字化转型相关词库，根据年报对上述关键词的描述信息、披露次数和企业生产经营情况等相关内容，采用专家打分法判断各家公司的数字化转型程度。

第二，除了对企业年报进行分析，还有学者通过问卷调查的信息测度企业数字化转型的情况。部分问卷会直接询问企业是否进行数字化转型，郭海、韩佳平（2019）基于该问题生成虚拟变量刻画企业数字化转型情况。还有部分问卷披露了企业在数字化方面的投入，刘淑春等（2021）分别选取了ERP投资量、PLM投资量等数字化投入量刻画企业数字化转型的强度。

本书采用文本分析和人工判断结合的方法测度企业数字化转型的情况。基于2010—2018年上市公司A股制造业国有企业的年报进行分析，最终获得共518家国有上市企业的信息。通过Python程序筛选出年报中"数字化"这一关键词前后100个字的内容，针对这些语料人工判断企业数字化转型的方向。按照企业价值链的不同环节分类，共分7个方向，包括全产业链数字化转型、上游环节数字化转型、生产数字化转型、物流仓储数字化转型、下游数字化转型、管理数字化转型、研发数字化转型。其中研发数字化转型具体包括3种类型，即在研发环节使用了数字化技术，为了企业数字化转型进行研发以及开发数字化新产品。人工判断企业在该环节是否使用数字化技术，生成相关虚拟变量。

与以往的数字化转型数据相比，本书的测算方法具有以下优点。首先，本数据经过人工筛查，可以剔除年报中使用了"数字化"关键词，但未进行数字化转型的公司数据。部分企业可能只是在背景介绍中使用了"数字化"，但企业并未进行数字化转型。也有部分企业只是为其他企业提供数字化技术，在年报中也会大量出现"数字化"的字眼，因此导致词频很高，但实际上企业本身并未进行数字化转型。本数据通过人工筛查，降低了这类情况出现的可能性。其次，以往的数据刻画企业数字化转型的情况较为单一，而本数据不仅判断了企业是否进行数字化转型，还明确判断了企业进行了哪些方向的数字化转型，因而更加全面地展现了企业数字化转型的情况。

二 国有上市公司数字化转型现状及特点

（一）上市国企数字化的总体情况

通过整理制造业国有上市企业的年报，可以发现，从2010年开始，即有15家国有企业开始进行数字化转型，此后，随着年份增长，转型的国有企业的数量也不断攀升，在2018年达到183家，占所有国有企业数量的35.67%。

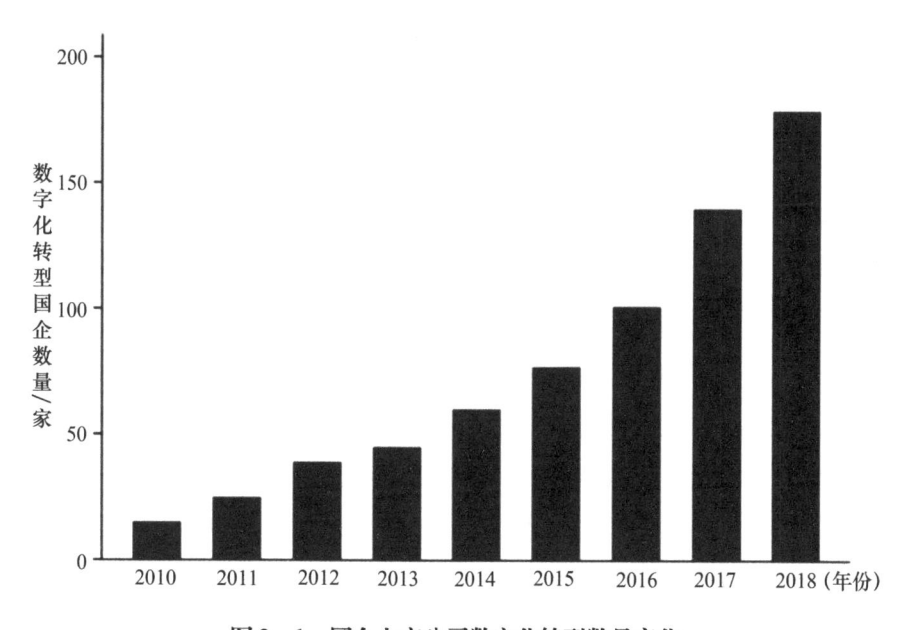

图2-1 国企上市公司数字化转型数量变化

从数字化转型的具体方向来看，国有上市公司的数字化转型集中在生产和研发领域。截至2018年，约有27.29%的国有上市公司进行了生产数字化转型，约有27.68%的企业进行了数字化研发。

表 2-1　　　　　　制造业国有上市企业数字化转型情况

转型方向	数字化转型	数字化价值链	上游数字化	下游数字化	数字化研发	生产数字化	物流仓储数字化	管理数字化
数量	183	15	12	39	142	140	24	28
占比	35.67%	2.92%	2.34%	7.60%	27.68%	27.29%	4.68%	5.46%

(二) 国有上市公司数字化转型的特点

在中国特色社会主义市场经济体制内，国有企业在中国经济中承担着特殊的社会职能，国有企业的数字化转型对各个领域内的其他企业具有示范性、引导性作用，通过研究国有企业数字化转型的特征，能够更好地了解企业在数字化转型过程中可能出现的情况。

(1) 企业数字化转型存在行业差异

由图 2-2 可以看出，在制造部门内诸多行业中，从事黑色金属冶炼及压延加工业的国有企业是国企中数字化转型表现最为积极的，共有 78% 的国有企业进行了数字化转型，这可能与该领域的主体——钢铁工业有关。钢铁工业是国民经济的重要基础产业，是国家经济水平和综合国力的重要标志，又是传统制造业的代表部门，长期以来，国家对于钢铁工业给予了较密切的关注。另外，中国的钢铁产业又具有产品结构性矛盾突出、附加值低、技术落后等诸多问题，亟待进行产业升级。因此，在"十四五"规划提出数字经济之后，钢铁工业作为传统制造业的典型，响应国家号召、率先进行数字化转型的尝试也容易理解。

此外，铁路、船舶、航空航天和其他运输设备制造业，造纸及纸制品业，酒、饮料及精制茶制造业以及食品制造业的国企进行数字化转型占比均居于前列。文教、工美、体育和娱乐用品制造业，电气机械及器材制造业，化学纤维制造业，仪器仪表制造业以及纺织服装、服饰业的国企数字化转型并未广泛开展。

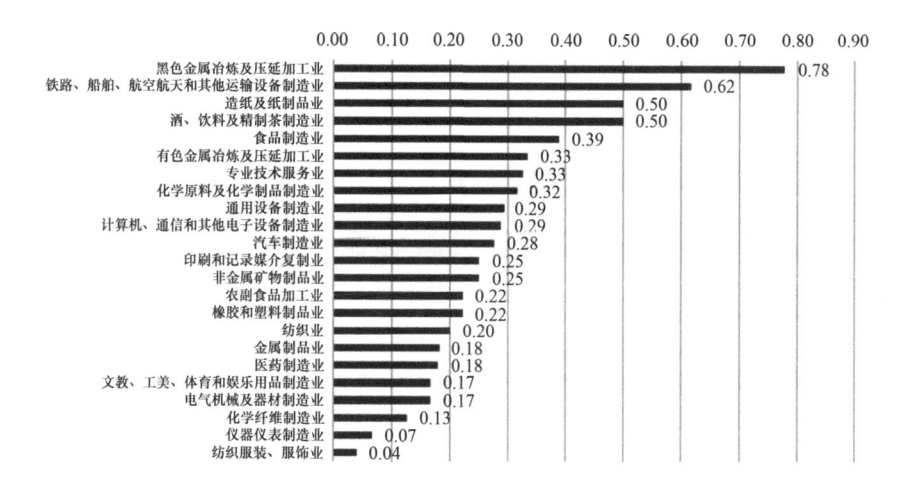

图 2-2　不同行业中国有企业截至 2018 年进行数字化转型的占比

（2）企业数字化转型存在地域分布差异

从区域特征来看，国有企业的数字化转型意愿呈现出明显的区域异质性。东部地区的数字化转型起步早、发展快，具有示范效应；中西部地区的国有企业起步虽然晚，但追随意愿强烈，紧随其后。

首先，东部地区国有企业转型时间较早，并且取得了一定的成果。从图 2-3 可以看出，2011 年，东部、中部和西部地区国有企业的数字化转型比例分别为 17%、15% 和 17%。东部地区国有企业数字化转型的比重略高于中西部地区。

其次，近年来中部和西部地区的国有企业数字化转型意愿更为强烈。截至 2018 年，在所有省级行政单位中，重庆制造业部门的国有企业数字化转型占比最高，区域内 78% 的国有企业在年报内提及了数字化转型。中西部地区和东北部地区的制造部门数字化转型国企比例也较高。其中，比较典型的有青海、甘肃两省级行政区。虽然这两个省份经济发展情况相对滞后，但国有企业的数字化转型占比却不落人后，进行数字化转型的国有企业占比均在 60% 以上，仅次于重庆。而东部地区虽然经济发展情况好，国有企业的数目较多，但进行数字化转型的比重并没有优势。

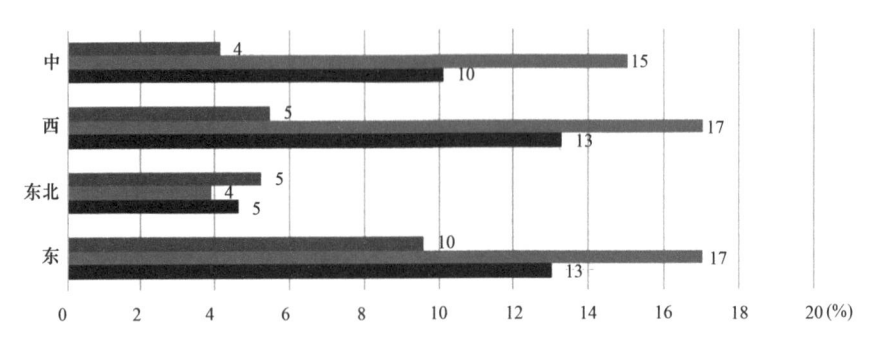

地区	2011年数字化转型非国企占比	2011年数字化转型国企占比	2011年数字化转型全体企业占比
中	4	15	10
西	5	17	13
东北	5	4	5
东	10	17	13

图 2-3　2011 年不同所有制类型制造业企业数字化转型比例的地域分布

在中国，各省份国有企业数字化转型情况与地方政策的关系较为紧密，吴非等（2021）借助中国 2007—2018 年沪深两市 A 股上市企业与宏观经济数据集，实证检验财政科技支出对企业数字化转型的影响。研究发现，财政科技支出能够显著驱动企业数字化转型，并带来企业经济绩效的提升。研究发现，财政科技支出能够缓解企业融资约束、稳定财务状况，并进一步从"投入—产出"层面优化企业创新行为，这些都有助于企业数字化转型。

（3）企业数字化转型存在规模差异

从规模差异来看，除部分龙头国企数字化转型意愿强烈外，企业规模对制造业国有企业数字化转型的影响并不显著。2018 年，制造业部门内不同规模国企进行数字化转型的比例区别不大，均在 30%—40%，发展均较为平衡，只有规模最大的小部分国有企业有明显优势，规模在 50 亿元人民币之上的国有企业数字化转型的比例超过了 41%。

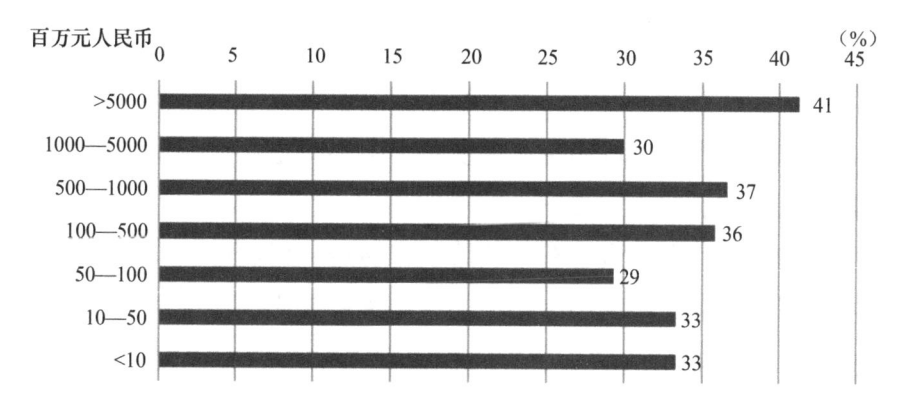

第二章 国有企业数字化转型的特征、微观影响与驱动因素

图 2-4　2018 年不同规模国有企业数字化转型占比情况

百万元人民币	占比(%)
>5000	41
1000—5000	30
500—1000	37
100—500	36
50—100	29
10—50	33
<10	33

对于龙头企业而言，数字化转型的意义重大，对行业有深刻的影响。2020 年 5 月 13 日，国家发展和改革委员会联合有关部门、国家数字经济创新发展试验区、媒体单位，以及互联网平台、行业龙头企业、金融机构、科研院所和行业协会等 145 家单位，通过线上方式共同启动"数字化转型伙伴行动（2020）"（以下简称"伙伴行动"）。伙伴行动通过构建"政府引导—平台赋能—龙头引领—机构支撑—多元服务"的联动机制，加强上下游协同。强调了龙头企业对于行业数字化转型的引领作用。陈畴镛等（2020）结合企业数字化转型中知识共享的特点，提出"数字知识"概念，从集群理性出发，结合知识溢出、知识创造努力等因素，验证了知识质量和共享意愿与产业集群整体绩效的正相关性。启示我们，龙头企业应率先加大知识投入，提高数字知识质量，带动知识质量较低的中小企业提高知识共享意愿，实现更高的集群整体收益。

而对于中小企业，则普遍存在数字化转型思维匮乏、数字化基础薄弱、数字化转型障碍较大等问题，数字化转型受到严重制约。由于可周转资金有限，中小型企业的试错空间不足，以致产生了"不想转、不愿转、不敢转"的局面。张夏恒（2020）基于对 377 家中小微企业的调查，发现样本中 30.58% 的中小企业开始在部分业务上尝试探索数字化转型并取得些许成效，这类企业占比最高，21.05%的中小企业对数字化转型完全不了解，26.32%的中小企业略微了解。从企业规模看，微型和小型企业在数字化转型上的表现明显不如中型企业。说明企业规模对于中小微企业数字化转型的进行仍是重要的制约因素之一。

总的来说，要促进国有企业数字化转型，仍需进一步发挥龙头企业的引导作用，并利用好知识外溢的集群效应，促进对其他非国企数字化转型的正向激励，同时也需要对中小型企业提供进一步支持。

三 国有企业数字化转型面临的困难

国资委科创局在2021年3月公布了100个国企数字化转型典型案例，但截至目前，真正能够成功实现数字化转型的企业凤毛麟角。数字化转型是一项复杂艰巨且耗费时间的项目，国有企业规模庞大，管理体制较为复杂，使国有企业在数字化转型的过程中面临诸多挑战。

（一）国有企业管理者对数字化转型认识不够充分

国有企业管理者对数字化转型没有准确认知主要体现在对数字化转型的本质和重要性没有准确认知。

首先，国有企业管理者对数字化转型的关键认识不充分。企业数字化转型的关键在于组织结构的变革，组织结构的变革需要企业一把手作决策，因此，企业数字化转型必须由企业管理者主导，从上至下进行转型。目前，传统国有企业科层制的组织结构已无法适应数字化时代的经营需求，企业管理者需要根据企业情况，对组织结构进行调整，对部门职能进行优化，建立更加扁平化的组织结构。因此，如果企业管理者无法认清数字化转型的关键，则无法提出正确的转型方案，最终影响了国企数字化转型的效果。

其次，国有企业管理者对数字化转型的重要性认识不充分。数字化转型过程涉及组织结构调整,这必然会引起相关利益人员的反对,也必然会带来企业短期的损失。同时,数字化转型是一个系统工程,在前期需要投入大量人力、物力,自行研发或者引入第三方系统,建立符合企业自身需求的数字化基础设施。相较于互联网或新型科技企业,大部分传统行业的国有企业自身数字化基础设施更为薄弱,需要更多的资金投入,而这些投入在短期无法看到成效,对于注重短期绩效考核的国有企业而言,其管理者很难有动力真正下决心推动企业数字化转型。这就需要企业管理者拥有破釜沉舟的决心,勇于承担责任。若企业管理者无法充分认识数字化转型的重要性,则无法制定清晰的数字化转型战略与明确的转型方案,也无法提出有效的激励企业员工参与数字化转型的考核机制,导致无论是管理者还是员工无法积极参与到企业数字化转型的过程中,国有企业数字化转型的效果大打折扣。

(二)国有企业缺少专业的数字化人才

数字化转型的本质是企业在生产、经营、管理的过程中使用大数据、云计算、物联网等数字技术,这些技术的运用离不开专业数字化人才,这使企业对数字化人才的需求迅速增长。而数字化人才并非只是技术上的专家,企业真正需求的是能将技术与管理结合的复合型人才,而这类人才目前较为稀缺,人才缺口日益加剧。

此外,国有企业的薪酬水平不具有竞争力,对数字化人才的吸引力较小。国有企业的岗位素来被称为"铁饭碗",工作较为稳定,挑战较小。相应的,国有企业的技术岗位薪酬较低,与科技公司、互联网公司的同岗位薪酬相比毫无优势。而且,国有企业的薪酬考核机制较不透明,人情关系严重,即使制定了考核机制,在实际考核过程中也存在诸多不规范之处,这也导致了国企薪酬对人才的吸引力较小。同时,国有企业的性质决定了其缺乏外部市场竞争,国有企业的职位对员工能力的锻炼程度无法与市场化企业相比,给予员工的发展空间较小。以上因素共同作用,使国有企业很难吸引到专业数字化人才。

（三）国有企业为转型而转型，缺乏长期规划

2020年8月21日，国资委印发《关于加快推进国有企业数字化转型工作的通知》，就推动国有企业数字化转型作出全面部署。近年来，国资委出台了一系列与数字化建设相关的文件，国家政策文件中也不断出现"数字化"相关内容，表明了国家对建设数字化的重视及决心。在这种氛围下，各省市也积极响应国家号召。2021年4月，浙江省国资委出台《浙江省国资国企数字化改革行动方案》，明确规定了未来5年浙江省国企数字化转型的目标。在指标的压力下，国企管理者很可能是为了完成指标而进行数字化转型，而非基于企业自身发展需求，经过深思熟虑后才数字化转型。

而国有企业为了完成转型指标而进行的转型，通常缺乏对数字化转型的长期规划。未基于企业自身情况进行合适的数字化转型，不仅造成资源浪费，还可能影响企业长期绩效，最终导致领导者和员工对数字化转型失去信心。

第二节 国有企业数字化转型的影响

一 数字化转型提升国有企业经营绩效

国有企业数字化转型，强化了数据的资源属性，为数据要素发挥效能创造了条件（Bruce et al.，2017；肖旭、戚聿东，2019），有利于实现以数据驱动为核心的生产经营模式，进而提高国有企业经营绩效，提高国有企业全要素生产率（图2-5）。

首先，数据要素的引入结合大数据、人工智能、云计算、区块链等高新技术的使用，为国有企业传统生产要素投入决策以及业务变革提供理性依据。国有企业拥有大量、多源、多维的市场相关数据集后，可以通过智能算法进行生产决策，这在一定程度上可以克服单纯人工决策的"有限理性"，实现土地、资本、劳动等传统生

产要素的有效配置，减少部分因非理性决策而导致的生产要素过度投入、产能过度消耗、投入要素使用效率低等现象发生的概率，从而提高产出投入比，提高生产预决策的准确性和可靠性。

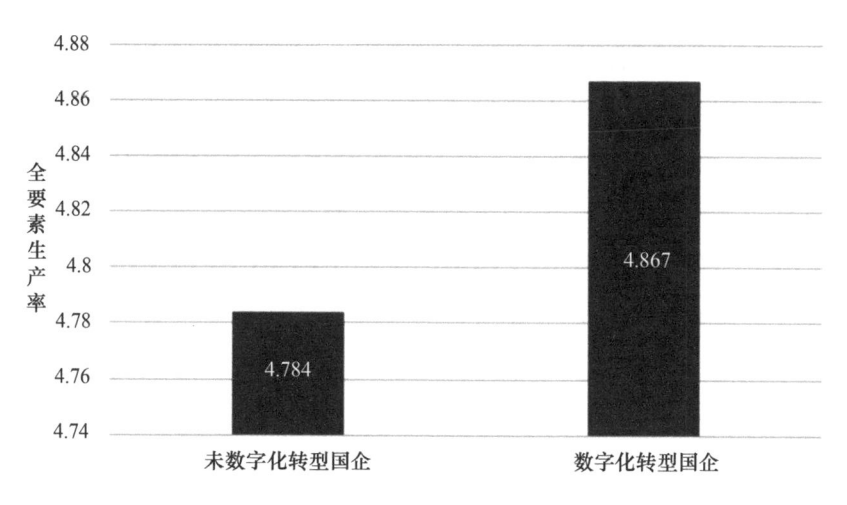

图 2-5 国有企业数字化转型前后全要素生产率变化

其次，对生产各环节的实时监管以及实时数据采集，有助于国有企业生产决策的动态自适应优化，降低生产过程中不确定性风险导致的生产效率降低。企业数字化转型的一大特点即是引入"数字孪生"技术，为生产的各实体环节创造一个虚拟数字空间的"孪生兄弟"，进而实现全周期数据管理、各生产环节实时有效监管，依据已有数据精准研判生产过程中可能面临的风险，及时解决生产过程中面临的突发状况，减少因不确定性而导致的生产效率损失。

再次，国有企业数字化转型后，可以提高对市场数据信息的挖掘、加工、使用效率，建立与服务对象的链接，与其他市场主体的链接，快速把握市场需求变化，实现用户服务敏捷化，缓解市场中的信息不对称问题，释放囿于数据处理能力滞后的数据潜力。消费者在消费过程中产生大量行为数据，其他市场主体在生产经营过程中也产生大量经营数据，国有企业对海量数据的使用，可以增进其对市场的认识和了解,更好地向市场提供有效供给,减少低效、无效供给(肖旭、戚聿东,2019),集中力量发展关系国家安全和国民经济命脉的重要行业和关键领域。具体而言,一方面,国有企业可通过数据分析了解市场概况,为市场提供有效且适量的产能供给,避免产能过剩;另一方面,国有企业可以与其他企业数据、信息互通,对市场能解决的需求痛点,交予市场,对市场不能解决的"卡脖子"问题,牢牢把握,并与市场其他企业主体协同攻坚克难,更好促进重要行业和关键领域的长足发展。

最后,国有企业数字化转型,有利于推动产业数字化、数字产业化,分享数字化、产业化带来的红利,实现提质增效。要实现产业数字化需要完善相关基础设施建设,国有企业一般承担着基础设施建设的责任,所以国有企业数字化转型有助于进一步推动5G、大数据中心、工业互联网等新型数字基础设施建设,营造数字化转型氛围,进而助力大中小企业数字化转型。而数字技术一般具有较强的网络外部性,实现数字化转型的企业越多,完成数字化的企业从中受益越大。所以国有企业实现数字化转型,就能与其他数字化转型的企业一起分享数字技术红利,多方协同构建开放、共享、共创的数字化生态圈,提升国有企业经营绩效。

基于索洛剩余概念对上市公司的全要素生产率进行了测算,发现已实施数字化转型的国有上市企业在平均的全要素生产率上要明显高于未实施数字化转型的国有上市企业。其中,实施了数字化转型的制造业国有企业上市公司的平均全要素生产率(自然对数值)为4.876,高于未进行数字化转型国有企业的4.784。

二 数字化转型推动国有企业组织运营模式变革

国有企业的数字化转型,不应仅局限于生产、销售等环节,还应体现在企业内部组织运营模式的转变。只有企业管理运营模式与数字技术变革相适应时,数字技术的潜能才能得以充分释放(刘淑春等，2021），企业内部才能实现以数据驱动为核心的治理数字化、管理数字化。

首先，国有企业数字化转型后，应用信息化和工业化"两化"融合管理体系，推动企业内部交互扁平化、平台化（祝合良、王春娟，2021）。数字化转型前，国有企业的内部信息自下而上的传送存在阻力，管理模式大部分为"多级委托—代理"的层级模式；但国有企业内部组织运营采用数字技术，能畅通信息在企业内部的流转，有利于横向整合各部门信息，在一定程度上缓解"委托—代理"问题（易露霞等，2021），实现组织运营模式的扁平化、平台化，更有利于国有企业内部员工高效管理及企业"一把手"重大事项决策。

其次，国有企业数字化转型后，部门人员结构产生变化，技术人员占比明显提高，生产人员和销售人员占比明显下降（图2-6）。国有企业内部在数字化转型前存在大量从事流程化、程序性工作的人员，导致国有企业人员冗杂，管理成本高昂。但采用技术赋能、数据驱动的相关管理模式后，可以有效提高企业的业务流程、决策审批、业务沟通等程序性业务效率（肖旭、戚聿东，2019），减少程序性业务工作人员占比，将人员等分配到更多操作复杂、非标准化的部门，精简了冗余的程序性业务人员，在不影响提高国有企业绩效的前提下，成功为国有企业"瘦身"，更好地发挥人的主观能动性，释放人才潜能，更好地处理应急性事件，提高组织的抗风险能力。但就目前的实际情况而言，国有企业数字化转型对行政人员占比并未产生实质性的影响。

再次，国有企业数字化转型，可以有效促进多部门协同发展。以往国有企业转型，多为企业内单部门牵头展开，多部门随后响应。而数字化转型无法在单一部门进行，需各部门协同进行数字化转型。在数字化转型中，各部门需加强联系，共享数字化转型经验，进而加速整体数字化转型进程，进一步推动各部门协同发展。

最后，国有企业数字化转型，可以提升人员绩效考核公开度、透明度，优化员工培训流程，提高国有企业运行管理效率。一方面，数字运行管理模式的引入，可强化对各类人员的监管和业务信息公开，有助于形成对企业内部员工公开化、透明化的绩效考核，提高国有企业人员升迁的公平性，使管理层人员选拔有据可依；另一方面，数字技术在员工培训层级的引入，有助于优化企业员工培训流程，提高员工培训的专业化、个性化，为不同员工提供适合的培训，提高培训的效能，为国有企业运行管理储备优秀的人才。

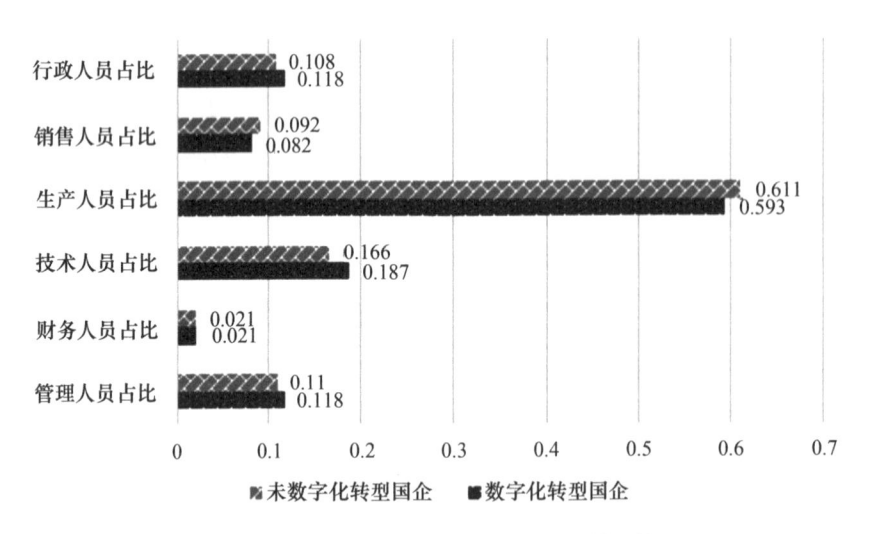

人员类别	未数字化转型国企	数字化转型国企
行政人员占比	0.118	0.108
销售人员占比	0.082	0.092
生产人员占比	0.593	0.611
技术人员占比	0.187	0.166
财务人员占比	0.021	0.021
管理人员占比	0.118	0.11

图 2-6　国有企业数字化转型前后人员结构

三　数字化转型赋能国有企业创新发展

数字化转型实质上是一种受资源属性和信息结构变化影响而从工业化到数字化的跨体系变革（肖静华，2020），其在企业运营、生产服务、商业模式等多方面赋能国有企业创新发展，加速国有企业培育新动能和新型竞争优势。

在企业运营方面，数字化转型促进企业内部组织、管理方式创新，从而实现企业管理扁平化，提升整体管理效率，进一步促进了运营智能化。在数字化时代，国有企业通过云平台等方式打破了企业部门内部壁垒，实现数据共享，提高了管理透明度和效率。与传统"金字塔式"的内部管理方式相比，数字化管理大大缩短了内部沟通链条，"层层上报"的低效率模式已经逐步被扁平化的管理模式替代。而管理模式的突破使各部门实现了高效协同发展，大大降低了信息滞后带来的成本。传统运营模式下，企业研发、生产、营销、销售、服务等各部门间的沟通依靠管理层间的信息传递，这种逐级传递方式导致的信息滞后极易导致决策效率的低下。而在大数据驱动下，扁平化的管理方式使各部门间的交流沟通实现及时化、准确化，企业决策、运营效率有效提升。

在生产服务方面，数字化转型加速企业进行生产和服务创新，促进企业实现智能化和个性多元化的生产服务。由于在传统生产服务模式下，信息不对称性常常引发"长鞭效应"等问题，从而导致企业资源出现错配现象。而数字化转型则有效地降低信息错配成本，有助于企业破除无效供给。一方面，数字化转型通过数字技术赋能国有企业现有生产技术、服务方式的优化。国有企业通过搭建信息共享平台等方式实现技术升级，实时跟进业务进展，直接与消费者进行"对话"，大大缩短了生产服务到消费的链条，解决了"长鞭效应"引发的无效供给的问题。数据优势为企业能够直接掌握消费者的需求提供了便利，进一步促进企业实现"按需定产"的智能化生产，资源配置效率提升。另一方面，数字化转型为国有企业积累了大数据优势，"长尾需求"得以挖掘，个性化、多元化生产服务成为趋势所在。企业通过对掌握的大量消费者的数据进行分析，挖掘个性化需求，并依托数字技术实现生产线、服务方式的升级，进而实现"批量生产""单一服务"到"个性生产""多元服务"的转变，为消费者提供个性产品及服务。此外，企业通过大数据进行潜在需求的预测，实现产品服务的创新升级，为国有企业开展新业务提供了数据支撑。

在商业模式方面，数字化转型通过革新价值创造、价值传递方式和促进跨界融合,实现了商业模式创新。首先,与以往企业通过自身商品服务影响市场消费需求不同,在数字平台的支撑下,企业形成了以消费者需求为导向的发展战略,进而实现消费者价值创造(马蓝等,2021)。数字平台的构建将供需双方链接,实现生产者"去中心化"(李海舰等,2014),层级分销体系逐渐被取代,供应方通过直接获取需求方的反馈,在解决现有业务问题的基础上挖掘用户潜在价值,不仅实现了供需匹配精准化,也促进了以消费者需求为导向的价值创造。其次,数字化转型催生了虚实相通的新型价值传递方式,"广告营销"已逐步被"广告+口碑"营销方式替代。传统发展模式下,企业通过大量广告投入进行营销并在实体门店提供产品和服务。而在数字经济时代,消费者除在线下门店购物外,还可以通过信息平台获取产品服务信息,并在线上或线下门店选购。对比传统经济,数字经济为中小企业乃至个体经营户提供了更为平等、开放、互惠的平台,当前抖音、快手、微博等网络平台越来越发达,越来越多的企业、个体经营户开启了直播带货等业务,消费者的可选择性大大增加。单一地依靠广告投入的增加已无法让企业在消费者的众多选择中脱颖而出,而信息不对称性的降低也使消费者对品质的追求越来越高。因此,数字化转型倒逼企业注重品牌打造和品质提升,通过"广告+口碑"的营销方式实现价值传递。最后,数字化转型促进了国有企业进行跨界融合,逐步形成多元化的动态商业模式。数字经济的虚拟性、高附加性和高渗透性(康铁祥,2008)增强了不同产业间、同一产业不同环节、不同企业间的联系,并加速了数据和信息要素在不同行业不同企业之间的高效流动,跨界协作逐步实现。

近年来,在制造业国有上市公司中,数字化转型与研发投入强度之间的关系逐渐显现。根据图2-7所展示的结果,在2015年之前数字化转型与研发投入强度之间并未呈正相关。然而,自2016年起,已实施数字化转型的国有企业在平均的研发投入强度上要明显高于未实施数字化转型的企业，说明随着数字化转型的逐步深入，数字化与创新发展之间的相关性逐渐显现。

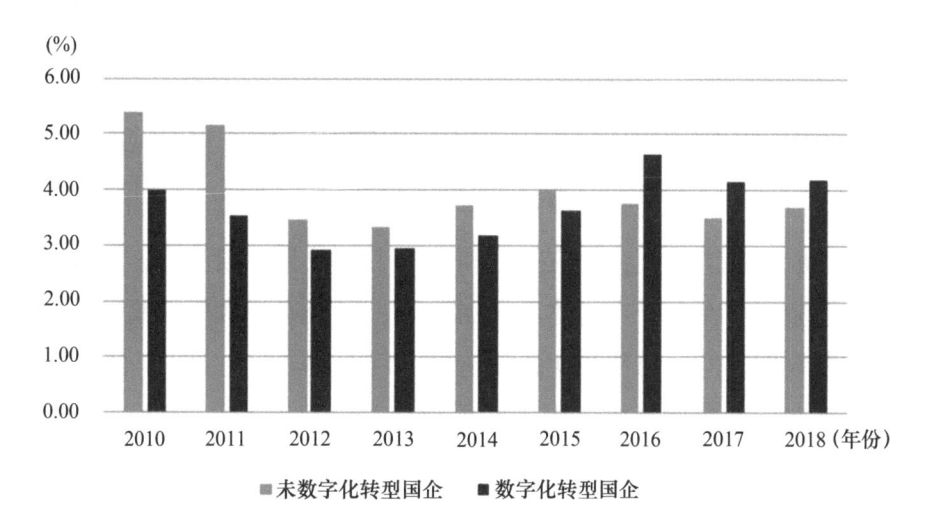

图 2-7　数字化转型国有企业研发投入占营收比重变化情况

四　数字化转型打破国有企业原有竞争模式

长期以来，中国的产业政策体现出限制竞争的管制性特征，政府以市场准入、审批制、贷款的行政核准等行政性直接干预措施代替市场机制的作用，市场运行效率低下（江飞涛等，2010）。激发市场活力、优化产业结构就需要充分发挥竞争在市场中的作用，降低行政性干预对企业尤其是国有企业发展的限制。党的十九大报告指出："经济体制改革必须以完善产权制度和要素市场化配置为重点，实现产权有效激励、要素自由流动、价格反应灵活、竞争公平有序、企业优胜劣汰。"这也进一步强调了公平、自由、有序竞争的重要性。而数字经济时代的来临，为竞争机制发挥效用提供了有利的客观条件。

数字经济时代下，产业间和产业内部的边界逐渐模糊，跨界融合虽为企业带来更多潜在发展机会，同时也强化了企业间的竞争，促使市场竞争模式发生改变。首先，平台经济的兴起为各企业提供了一个互惠开放的平台，企业依托平台形成了低成本、高效率的点对点链接（江小涓，2017）。以淘宝、京东、拼多多等形成的商业圈为例，买卖双方可以在互联网平台上直接"面对面"交易，节约了大量的中间商成本和实体店租金成本等，吸引了越来越多的企业进驻平台。与此同时，平台交易的便利性、低成本也吸引了越来越多的用户由实体购物转向网购，平台积累的越来越庞大的用户流量不断形成正反馈效应，供应企业和消费者的数量不断激增，平台竞争日趋激烈。在电子支付体系的加持下，平台经济大幅提高了交易规模和效率，但也对传统实体业造成了巨大冲击。

其次，大数据释放了更多的质量信号（江小涓，2017），降低质量信息的不对称。与其他生产要素不同，数据作为新型生产要素突破了时空限制，其依托信息共享平台在产业内部甚至产业间实现自由、高效、无间断流动。供应方可以基于数据整合碎片化需求和长尾需求，进行企业自身技术升级以更好地适应市场需求，而需求方在透明度越来越高的市场中也可以不断寻求性价比更高的产品和服务。以二手房为例，以往买家只能通过线下渠道看房、租房和买房，受时间和空间限制，买家"货比三家"的时间和金钱成本高昂，往往对所租或购买的房子满意度并不高。而在数字经济时代，各类平台不仅为买家节约了大量的时间成本，还提供了更多优质的选择，买家可以直接在平台上获取房屋的面积、装修情况、价格等多项信息并自行比对，选择更适合自己的性价比高的房子。质量信号的释放也使供应方及时调整定价甚至提高房屋居住质量。

最后，网络效应和"赢者通吃"作为数字经济的典型特征（李晓华，2019），要求企业增强用户联系、积累用户数据，并不断更新生态核心技术以保障价值的高效供给（肖旭，2019）。在"数据为王"的时代下，流量成为一大核心竞争点。聚焦社区团购，美团、拼多多、阿里巴巴、腾讯等巨头在该项业务出现大额亏损但仍继续投入巨额资金，其核心原因在于巨头们看中的并非利润而是庞大的下沉市场流量。而掌握了流量也并非一劳永逸，在技术迭代飞速的市场中，优胜劣汰机制要求企业不断进行技术创新，优化升级价值创造和传递方式，以此培育和维持核心竞争力。

面对新型经济带来的机遇和挑战，以授权经营为主的国有企业传统发展模式已难以适应经济发展需求，而国有企业作为国民经济发展的主导力量，加速数字化转型并以此打破原有的竞争模式，提升企业自身竞争力，对深化国有企业改革、引导民营企业发展、促进中国经济结构优化具有重要意义。以国有商业银行为例，数字金融的飞速发展对传统金融产生了巨大冲击。2003年，淘宝网推出了支付宝服务，为提高支付便捷性。2011年，支付宝推出了条码支付的手机支付方式。2013年，微信支付和余额宝上线。而在短短几年时间，现金支付方式就被"支付宝+微信+二维码"取代。2015年，"花呗""借呗"的推出也直接冲击了银行信用卡业务。深究数字金融发展飞速其中一个重要原因是，中国金融属于强监管行业，审慎监管态度直接导致了金融资源分配的"马太效应"，资金雄厚的企业更容易获得融资，体量小的企业以及个体经营户受利润、风险等影响而出现融资难题，而新兴数字金融机构借贷门槛低的特征在一定程度上解决了中小微企业和个体经营户融资难问题，这也进一步促进了数字金融的发展。因此，面对数字金融机构的挑战，国有商业银行只有积极主动地通过数字化转型打破原有的竞争模式，在控制金融风险的基础上发挥竞争机制的作用，充分利用数字技术和已有资源，全面提升企业组织、业务、风险管理等各项能力，才能更好地适应市场需求，发挥好国有企业的引导力量。既有研究表明，数字化转型在监管上为国有商业银行带来了技术的升级，通过大数据分析和交叉检验技术自动审批贷款和贷后预警，提高了银行的风险控制能力（谢治春等，2018）；在业务上为银行带来了"云闪付"、App生态圈场景建设、服务渠道共享等方面的联合创新（吴朝平，2018），逐步提高银行竞争力……

数字经济时代下，国有企业不仅面临外部竞争的压力，同时更需要满足高质量发展的内在要求，而提升企业内在竞争力正是关键所在。数字化转型促进原有竞争模式的转变，对进一步激发国有企业发展活力、提升发展质量具有重要意义，也将不断赋能国民经济的发展，激发市场活力，实现市场更高效的发展。

五 数字化转型助力国有企业实现国家战略部署

国有企业不仅是市场重要的参与主体，也是国家战略部署落实的主要推动力和模范带头人，是新型举国体制的重要践行者。数字化技术作为国有企业改革发展的一个主要工具，有助于国有企业社会责任的实现。

首先，国有企业数字化转型，有利于完善基础设施建设，推动产业数字化、数字产业化，促进非国有企业数字化转型。无论国有企业数字化转型还是其他企业数字化转型，数字化技术相关基础设施建设必不可少，而国有企业的数字化转型有助于国家切实了解市场其他主体数字化转型面临的问题与挑战，大力推进5G、大数据中心、工业互联网等新型数字基础设施建设，为各种所有制市场主体提供数字化转型的良好客观条件和实现基础。

其次，国有企业数字化转型，有利于起到示范引领作用，打造数字化转型氛围，激励中小企业数字化转型。数字化转型是一个长期的过程，转型成功与否具有不确定性，中国现阶段部分中小企业数字化转型面临"不会转""不敢转"的困境。国有企业数字化转型以及相关经验总结、典型案例发布，有利于为数字化转型提供"样板"，打破中小企业"不会转"的僵局，从国企数字化转型中吸取经验教训，实现从"不敢转"到"敢转"的变化。

再次，国有企业数字化转型有助于国企实现"供给侧结构性改革"、达成"碳达峰、碳中和"目标，带头落实中国战略部署。一方面，国有企业数字化转型后，生产要素的投入使用效率提高，能为市场提供有效适度的供给，有助于实现"三去一降一补"中的"去产能、去库存"，而国有企业生产经营绩效的增加，又为"降成本"提供资金支持与落实空间，为"供给侧结构性改革"的落实提供支点；另一方面，实现"碳达峰、碳中和"的关键是推动经济社会发展立足资源高效利用和绿色低碳发展，数字化产业天然具有低碳化的属性，产业数字化正是一种产业向低碳化转变的途径，尤其是能源产业在新时代发展的可行出路。国有企业的数字化转型叠加国有企业的辐射影响力，有利于加速"碳达峰"、加快"碳中和"。

最后，国有企业数字化转型后，有利于集中力量发展关系国家安全和国民经济命脉的重要行业和关键领域，发挥新型举国体制优势。其一，国有企业数字化转型可以加强国有企业与其他市场主体之间的联系，促进企业间数据、信息互通共享，有利于处理好公有制经济与非公有制经济之间的关系，对市场能够解决的需求痛点则交予市场，对市场不能解决的"卡脖子"问题则牢牢把握，推动国有企业分层分类改革，集中力量攻克尖端技术、"卡脖子"难题。其二，国有企业数字化转型后，可以通过建立数字化共同体，发挥强有力的整合优势、协同其他市场主体攻克技术难关，实现"既依靠新型举国体制发展数字技术，又为新型举国体制的实现提供新模式"的发展方式，成就"新型举国体制"与"数字技术"之间的辩证、积极互动。

第三节　国有企业数字化转型的驱动因素分析

数字化涉及不同技术的应用，服务于不同的目的，需要各种资源的重新组合，因而不同企业的数字化各有差异，驱动企业进行数字化转型的主要动力也因此各有不同，通过分析影响国企数字化转型差异的因素，我们可以更好地"对症下药"，帮助国企更有效率地实现数字化转型。

数字化转型不仅要提升效率、降本增效，更要创新发展的模式，重塑企业价值体系。具体转型过程中，要加强转型机制保障，建设具有复合型思维的队伍力量，将数字化提升到战略层面。从企业数字化转型的意愿和能力两个角度来分析：从意愿角度看，整个经济、社会均处在数字化转型过程中，企业就必须跟随潮流，抓住数字化和低碳化两大趋势；从能力角度看，企业数字化转型本质上是企业整个战略管理能力和经营管理能力变革，要有远见和决心，通过能力提升来应对产业变革。

一 国有企业数字化转型驱动因素的统计描述

2018年以来，国家各部委密集出台鼓励数字经济发展的相关政策和指导建议，鼓励企业通过数字化技术助力产业升级与转型，但大多数企业数字化转型还停留在规划尝试和探索的阶段，只有部分国企真正取得初步成效并着手进一步推广深化。在国家政策导向下，国企积极实施数字化转型，主动作为以适应新经济形式，但不同的国企在数字化转型过程中也存在差异。

在造成数字化转型差异的原因的分析中，刘向东等（2018）以天虹数字化转型为例，探讨了企业数字化转型驱动因素。认为数字化转型的外在推力包括环境压力的感知和随机事件的刺激，内在拉力包括发展压力的认知和吸收能力的构建，外在推力和内在拉力共同构成企业数字化转型的动力。金珺等（2020）以万事利集团及娃哈哈集团的数字化转型为例，对制造业企业数字化转型的影响因素进行探讨，发现生产技术能力、内部信息系统建设、组织结构、高层管理人员、合作资源、行业特征与市场结构、政府规制等是制造业数字化转型过程中的7大影响因素。马鸿佳等（2021）认为技术因素（如安全性、复杂性、兼容性等）、组织因素（高管支持、企业规模、组织文化等）、环境因素（外部压力、外部支持、政策和监管等）是影响企业数字化能力，进而影响数字化转型的主要因素。

有鉴于此，基于前人的研究，我们总结国企在进行数字化转型的决策过程中，主要受盈利能力、人力资本、技术能力和行业竞争等因素驱动，本书将以这四个因素为主，分析国企数字化转型差异的原因。在具体的指标选择上，由于企业当期报表是反映上个会计年度的企业经营状况，而数字化转型带来的影响往往不是瞬时的，需要数年积累到一定程度后才能反映出来。因此，在研究国企数字化转型动因的分析中，本书使用国企进行数字化转型决策当期的数据，包括营业收入、利润、员工结构、研发投入等指标来反映导致国企数字化转型差异的影响因素。

（一）盈利能力对国企数字化转型的影响

国企数字化转型受盈利能力驱动明显。根据图2-8、图2-9可知，进行数字化转型的国企的营业收入、营业利润和净利润显著高于未进行数字化转型的国企。数字化转型的国企平均营收约为207亿元、平均营业利润（合并）约为5.1亿元、平均净利润约为11.6亿元；未进行数字化转型的国企平均营收约为106亿元、平均营业利润（合并）约为4.6亿元、平均净利润约为10.3亿元。数字化转型的国企平均营收、平均营业利润和平均净利润分别比未进行数字化转型的国企高95.3%、10.9%和12.6%，其盈利能力更强。

数字化转型具有长期性、高成本、多风险的特性，这使盈利能力强的国企更有数字化转型的动力和实力。国企数字化转型是一个长期渐进的过程，数字基础设施等的投入需要耗费大量的时间和金钱成本，数字化的长期性给国企带来较大的资金压力，因此需要企业有足够的资本投入。除此之外，数字化转型无法在短期内形成收益,并且还面临未知风险和突发的外部冲击等问题,市场尚未成熟,还存在很多不确切的因素,国企需要通过小范围、多频次的尝试来获取转型经验和找到转型范式,因此要求国企有持续盈利、持续投入的能力以及能够较好地应对风险的能力。

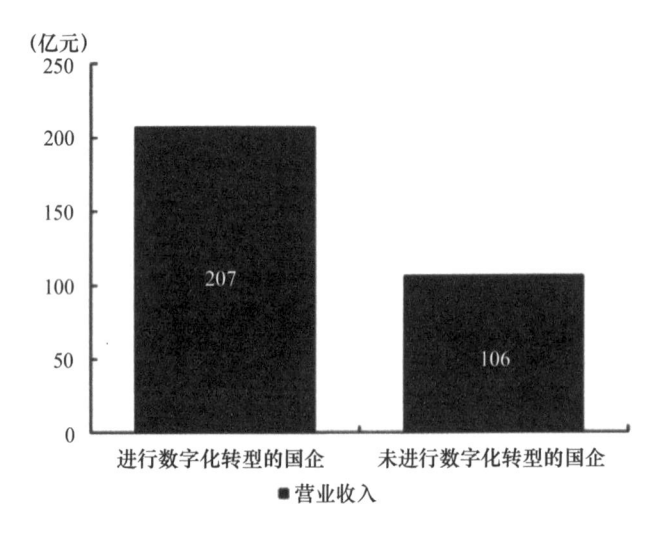

图 2-8 国企数字化转型的营收差异

进行数字化转型的国企:营业收入 207 亿元
未进行数字化转型的国企:营业收入 106 亿元

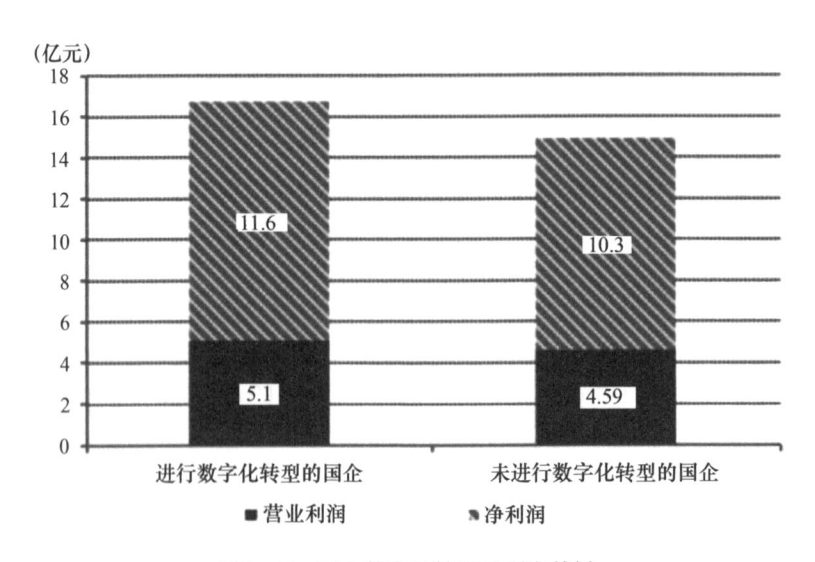

图 2-9 国企数字化转型的利润差异

进行数字化转型的国企:营业利润 5.1 亿元,净利润 11.6 亿元
未进行数字化转型的国企:营业利润 4.59 亿元,净利润 10.3 亿元

（二）人力资本对国企数字化转型的影响

在国企数字化转型差异中，人力资本因素作用明显。如图2-10所示，从不同学历背景的员工绝对人数来看，进行数字化转型的国企平均具有更多的本科及以上的员工，平均本科员工人数为2632人、硕士员工人数为490人、博士及以上员工人数为15人，分别是未进行数字化转型的国企人数的2.1倍、2.9倍和1.9倍；进行数字化转型的国企，本科以上员工人数平均为3137人，而未进行数字化转型的国企本科以上员工人数平均仅为1428人。如图2-11所示，用国企本科及以上员工人数占比这一相对数来衡量企业人力资本（赋值0—1），进行数字化转型的国企人力资本为0.45，而未进行数字化转型的国企人力资本为0.224，约为前者50%的水平。

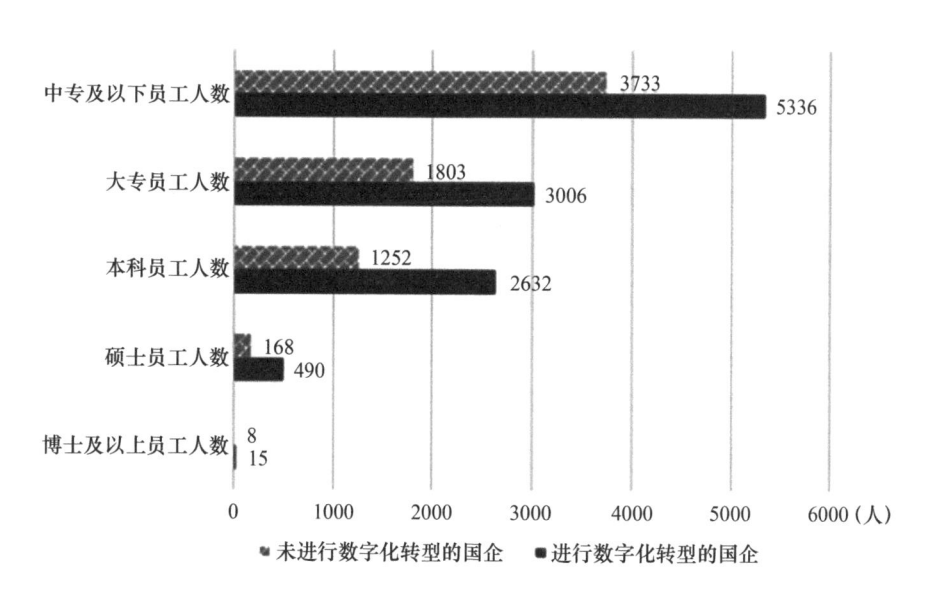

图2-10 国企数字化转型的员工结构差异

人力资本对数字化转型的影响，一方面是由于数据的价值在于被运用，而运用和处理数据的主体是"人"。原始数据本身是不具备任何价值的，只有被处理和运用的数据才具备价值，而在这个过程中，需要"人"这一主体来充分理解和处理数据，由人力资本带来的技术迭代和创新往往成为企业数字化转型的驱动力，且企业的人力资本在很大程度上决定了企业进行数字化转型的能力和上限。

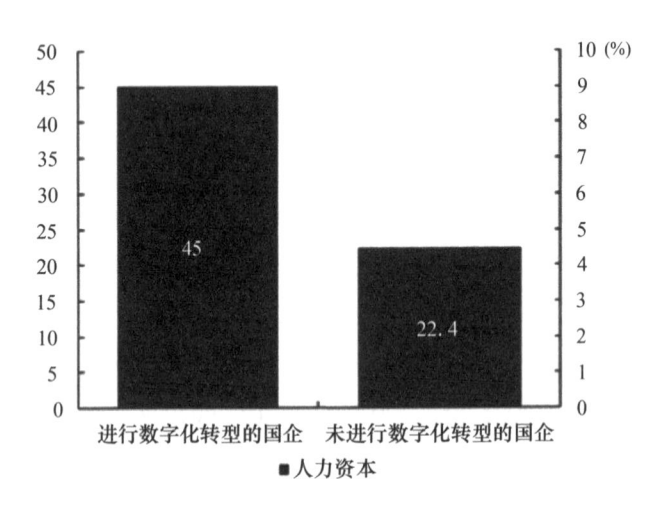

图 2-11　国企数字化转型的人力资本差异

另一方面，"干中学"效应使人力资本能够充分释放，自下而上助推国企数字化转型。国企员工在进行生产、管理、服务等工作时，往往会形成"干中学"效应，在此过程中，员工会不断进行自我完善、创新工作方式和提高自身技能，以适应繁重的工作。在数字化时代，国企员工在自我完善、人力资本充分释放的过程中，极有可能借助数字技术，并发现数字技术更有利于发挥个人特长，实现灵活便捷、互补协作，帮助全体员工创造更大价值。因此，在人力资本的驱动之下，国企往往具备了进行数字化转型的动力和基础，能够在员工的数字化技能提升的过程中，实现自下而上的数字化转型。

（三）技术能力对国企数字化转型的影响

在国企数字化转型的差异中，技术能力有较为明显的影响。由图 2-12 可知，国企数字化转型存在技术能力差异，进行数字化转型的国企无论研发投入占营收比例，还是研发投入数量占比均显著高于未进行数字化转型的企业。进行数字化转型的国企中,平均研发投入占营收比例为4%,研发投入数量占比为13.7%;未进行数字化转型的国企,平均研发投入占营收比例为3.7%,研发投入数量占比为12.5%。由前面的盈利能力分析可知,进行数字化转型的国企营收的绝对值远远大于未进行数字化转型的国企,由此可知,它们在研发投入的绝对金额上也远大于未进行数字化转型的国企,而研发投入往往决定了企业的技术水平,研发投入越强,也就意味着国企的技术能力相对更强一些。

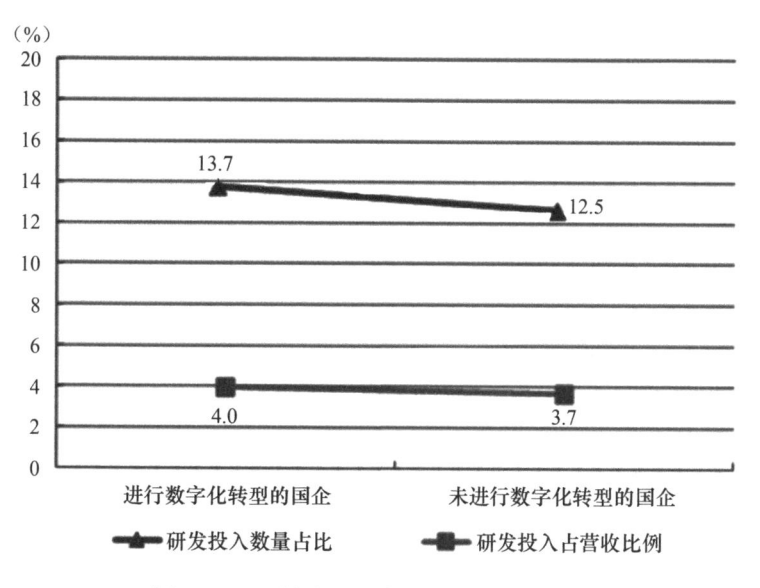

图2-12 国企数字化转型的技术能力差异

技术能力强的企业更容易将数据转化为"资产",进而成为进行数字化转型的动力。李晓华（2016）认为"实体经济+数字科技"将成为企业在数字经济时代下的核心战略路径。当国企可以凭借自身技术能力,更好地借助技术来处理内外部的海量、非标准化、非结构化数据,并将其编码输出成结构化、标准化信息,提升信息可利用度时,国企也就具备了将数据转化为"资产"的能力,从而使数据能够为国企服务并创造价值。在此过程中,国企有效地推动了自身数字化转型，因此，技术能力的积累和释放是国企进行数字化转型的基础。

（四）行业竞争对国企数字化转型的影响

企业行为往往受行业环境的影响，当行业中较多企业进行数字化转型时，出于保持竞争优势的目的，国企有较大动力进行数字化转型。如图2-13所示，对于进行数字化转型的国企，它们所属的行业中，有25%的企业进行过数字化转型，有15.8%的企业目前正在进行数字化转型；而未进行数字化转型的国企所处行业中，进行过数字化转型的企业所占比重为10.7%，行业内当前正在进行数字化转型的企业比重为6.6%，分别仅为前者的42.8%和41.8%。因此，进行数字化转型的国企所处行业中，较多企业曾经或正在进行数字化转型，行业竞争导致这些行业内的国企更有动力进行数字化转型。

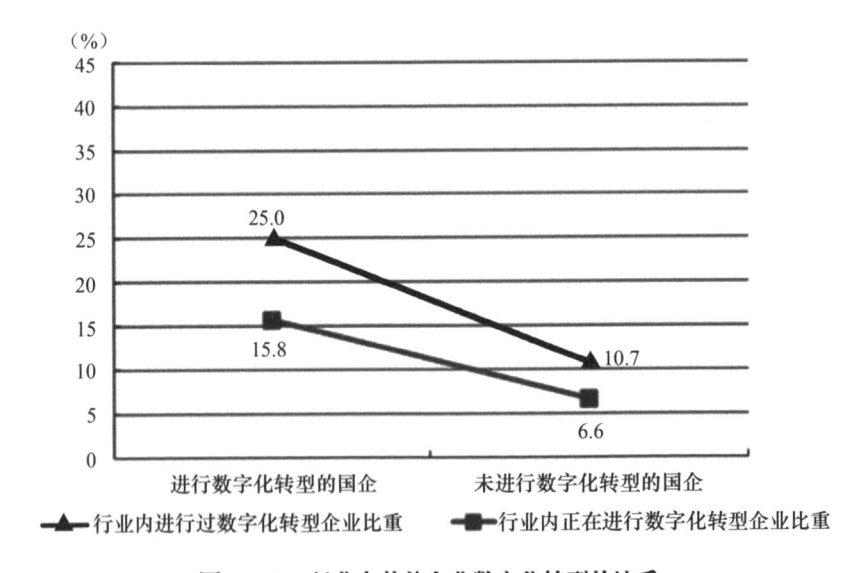

图2-13 行业内其他企业数字化转型的比重

行业竞争引发国企数字化转型以及行业内其他企业的追随行为。在激烈的行业竞争环境下，企业会保持较强的敏锐度，对竞争对手的战略、行为和市场变化保持较高的关注度。当行业中企业同质化程度加强，难以在现有领域实现突破时，国企有动机通过数字化转型来打破当前企业优化的瓶颈，实现竞争能力的显著提高。同时，当行业中部分国企通过数字化转型建立竞争优势后，其他企业也会追随先行企业进行数字化转型，以期在竞争中保持相近的竞争能力，使自己在行业竞争中始终能占有一席之地。随着行业竞争强度的提高，国企数字化转型的动机越强，行业内其他企业进行数字化转型的追随效应越强。

综上可知，盈利能力、人力资本、技术能力、行业竞争是导致国企数字化转型差异的四大因素，且呈正向相关关系。首先是盈利能力，数字化转型需要长期、巨额的投入和持续、小范围的试错，盈利能力强的企业往往积累了较多资本，未来持续有现金流入，因此更有资本能力和动机进行数字化转型。其次是人力资本，数据的价值需要国企员工进行挖掘，且员工在生产经营过程中的"干中学"效应促使国企进行自下而上的数字化转型。再次是技术能力，技术能力决定了国企能否将原始数据进行标准化和专业化的处理、分析、储存，是国企进行数字化转型的基础。最后是行业竞争，行业竞争使国企更有动机进行数字化转型以获得竞争优势，同时竞争还会引发行业内不同企业之间的追随行为，使数字化转型范围在行业内实现扩张。

二 国有企业数字化转型驱动因素的计量分析

为了采用定量的方法研究造成国有企业数字化转型差异的原因，本书运用中国制造业上市国有企业的数据，构造 Logistic 回归模型和线性多元回归模型，分析前述各因素对制造业国有企业数字化转型的影响。被解释变量为企业数字化转型的虚拟变量，该变量为 1 代表企业进行了数字化转型，反之则未进行数字化转型。主要解释变量为盈利水平（指标是企业净利润）、人力资本（指标是本科及以上学历员工占比)、技术能力(指标是研发投入占营业收入比例),控制变量包括企业规模(经过对数化处理)、资产负债率、总资产收益率、托宾 q 值,所有的解释变量和控制变量采用滞后一期数据,并添加了公司固定效应。经过计量分析,本书得出了以下结论。

(一) 驱动国有企业数字化转型的主要因素

表 2-2 报告了基础回归结果。其中,前两列为 Logistic 回归结果,后两列是线性多元回归结果;第(1)、第(3)列未添加固定效应,第(2)、第(4)列添加了企业固定效应。从回归结果来看,主要的三个解释变量系数都是显著的。以第(4)列为例,三个解释变量的系数都在 1% 的水平上显著为正,这说明盈利水平、人力资本、技术能力均与企业的数字化转型决策具有明显的正相关关系,即盈利水平越高、人力资本越丰富、技术能力越强的企业,进行数字化转型的可能性越高。从经济意义来看,净利润增加 1 亿元,企业数字化转型的可能性增加 0.17%;本科及以上学历员工占比提高 1%,企业数字化转型的可能性增加 0.35%;研发投入占营业收入比例提高 1%,企业数字化转型的可能性增加 1.32%。无论从统计意义还是经济意义来看,盈利水平、人力资本、技术能力都是驱动企业数字化转型的主要因素,这验证了前述理论观点。

表 2-2　　国有企业数字化转型驱动因素的基础回归结果

变量	(1)	(2)	(3)	(4)
	数字化转型			
盈利水平	0.0198*	0.0284*	0.0012**	0.0017***
	(1.83)	(1.64)	(2.39)	(2.66)
人力资本	0.0535***	0.0547**	0.0024***	0.0035***
	(3.59)	(2.55)	(3.21)	(3.72)
技术能力	0.2419***	0.1925	0.0108***	0.0132***
	(3.03)	(1.58)	(2.84)	(2.75)

续表

变量	(1)	(2)	(3)	(4)
	数字化转型			
控制变量	是	是	是	是
固定效应	否	是	否	是
观测值	2165	2165	2165	2165
企业数目	458	458	458	458

注：括号内为 t 统计量，***、** 和 * 分别表示在 1%、5% 和 10% 的水平上显著。如无特别说明，以下各表同此。

（二）高技术企业的市场垄断对其数字化转型的抑制作用影响更加显著

2018 年，国家统计局依据《国民经济行业分类》（GB/T 4754—2017）对《高技术产业（制造业）分类（2013）》进行了修订，将包括医药制造，航空、航天器及设备制造，电子及通信设备制造，计算机及办公设备制造，医疗仪器设备及仪器仪表制造，信息化学品制造在内的 6 大类制造业认定为高技术产业，其特点是 R&D 投入强度相对较高。

本书将样本根据企业所在行业是否为高技术产业分为两组，共有 282 家高技术企业和 191 家传统企业。为了探究市场垄断对企业数字化转型的作用，同时引入市场垄断程度这一新变量，指标是行业前四名份额集中度。表 2 – 3 前三列是高技术企业组的 Logistic 回归结果，后三列是传统企业组的 Logistic 回归结果，其中第（3）、第（6）列的系数已替换为各解释变量的平均边际效应。

表 2 – 3　　高技术企业与传统企业的分组回归结果

变量	高技术企业			传统企业		
	(1)	(2)	(3)	(4)	(5)	(6)
盈利水平	0.0106	0.0120	0.0004	0.0184	0.0372	0.0004

续表

变量	高技术企业			传统企业		
	(1)	(2)	(3)	(4)	(5)	(6)
	(0.84)	(0.56)	(0.84)	(1.09)	(1.01)	(1.11)
人力资本	0.0422**	0.0332	0.0014**	0.0827**	0.2810*	0.0020**
	(2.40)	(1.50)	(2.48)	(2.31)	(1.87)	(2.27)
技术能力	0.1681*	0.2112	0.0057*	0.3835**	0.1452	0.0093**
	(1.88)	(1.51)	(1.92)	(2.46)	(0.44)	(2.30)
市场垄断程度	-0.0634*	-0.1047**	-0.0022**	0.3772	-1.5288	0.0091
	(-1.89)	(-2.29)	(-2.00)	(0.21)	(-0.48)	(0.21)
控制变量	是	是	是	是	是	是
固定效应	否	是	否	否	是	否
观测值	1301	378	1301	864	190	864
企业数目	282	66	282	191	35	191

在高技术企业组中,人力资本的系数在5%的水平上显著为正,技术能力的系数同样在10%的水平上显著为正,市场垄断程度的系数在5%的水平上显著为负。说明对于高技术企业来说,推动其进行数字化转型的动力主要是人力资本、技术能力,而市场垄断则会阻碍高技术企业数字化转型。从平均边际效应看,本科及以上学历员工占比提高1%,企业数字化转型的可能性增加0.14%;研发投入占营业收入比例提高1%,企业数字化转型的可能性增加0.57%,市场集中度提高1%,企业数字化转型的可能性降低0.22%。

在传统企业组中,人力资本和技术能力的系数均在5%的水平上显著为正,而净利润和市场集中度的系数不显著,说明人力资本和技术能力是驱动传统企业数字化转型的主要因素,市场垄断程度对传统企业的影响不大。从平均边际效应看,本科及以上学历员工占比提高1%,企业数字化转型的可能性增加0.2%;研发投入占营业收入比例提高1%,企业数字化转型的可能性增加0.93%。

有趣的是，由表2-3可知，与传统企业相比，高技术企业的市场垄断程度对其数字化转型的影响更加显著。这或许与市场垄断对企业创新的影响有关。

市场垄断对创新具有正负两方面的影响。有学者认为只有拥有一定的垄断利润才能保证研发投入的持续性，这种状态下垄断促进了企业创新，即"熊彼特效应"（张杰等，2014；康志勇等，2020）。另有学者认为，在竞争条件下企业容易多方向创新、累计创新，从而形成"逃离竞争效应"（Dinopoulos et al.，2007）。针对异质性企业的分析发现，成长期和成熟期企业的创新会受到垄断的抑制作用影响，衰退期企业创新不会受到垄断影响；高科技行业企业创新会受到垄断抑制作用影响，传统行业则不会受到影响（周雪峰等，2021）。

数字化是企业使用新的数字技术，进行数字化生产、数字化营销、数字化产品研发或数字化供应链管理等环节的改造，是创新密集型的活动，需要技术和管理层面的创新。此处回归结果显示高技术企业数字化转型受到垄断的抑制作用影响，非高技术企业则不受垄断影响，可能基于以下两个方面的原因。

第一，市场垄断力量较强的企业体制僵化导致数字化转型动力不足。处于垄断地位的企业形成了固定的管理模式，这种管理模式是企业成功的根本，已经形成路径依赖，不会轻易改变，但数字化转型不仅是数字技术的使用，还需要企业管理思维和管理模式的变革，因此，僵化的管理模式将成为企业数字化转型的阻碍。而由于大企业对资源的垄断，其他小企业无法有效获取数字化所需的资源（如资金、人才等），限制了企业的数字化发展。

第二，较强的市场垄断抑制了企业数字化转型的内在动力。在竞争条件下，高技术产业技术更新换代快，产品生命周期缩短，为了避免被市场淘汰，企业会想办法进行创新以提升企业竞争力，如采用数字化转型的方法，而在垄断背景下，新进入企业很难与行业中的垄断企业相抗衡，如顶尖的技术和资源被垄断企业掌控，那么这些企业通过数字化转型也难以撼动大企业地位，因此垄断行业在无外力干预情况下宛如"一潭死水"，企业缺乏数字化转型的内在动力。

综上所述，通过对国有企业制造业上市公司的数据进行回归分析，证明了盈利水平、人力资本和技术能力都是驱动国有企业数字化转型的主要因素。在进一步将国有企业分为高技术企业和传统企业后，发现市场垄断对高技术企业数字化转型存在显著的抑制作用。这是因为垄断企业体制僵化导致数字化转型动力不足，且较高的市场垄断程度抑制了企业数字化转型的内在动力。

第 三 章

国有企业数字化转型与产业结构

第一节　国有企业数字化转型与国有经济布局优化和结构调整

党的十八大以来,国有经济布局和结构调整取得重大进展,国有经济总量稳步提高、国有企业主要效益指标稳步增长。一方面,国有经济分布过宽、投资涉及领域过多等问题仍然存在;另一方面,一些战略性新兴产业国有经济投入不足。此外,中国各地区之间的经济发展水平仍存在差距,国有资产总量分布不平衡。

在此背景之下,《关于新时代推进国有经济布局优化和结构调整的意见》于2020年11月2日下午召开的中央全面深化改革委员会第十六次会议审议通过。推进国有经济布局优化和结构调整,既是宏观层面国民经济更高质量发展的重要内容,也是中观层面行业升级创新突破的主攻任务,更是微观层面国有企业深化改革的关键目标。

从微观层面来看,作为国有企业深化改革核心要义的数字化转型,也成为推动国有经济优化布局的关键一步。国资委发布《关于加快推进国有企业数字化转型工作的通知》,就推动国有企业数字化转型作出全面部署与统筹规划,系统明确数字化的基础、方向、重点和举措,在宏观层面为国有企业数字化转型提供引导。本书首先明确国有经济布局优化和结构调整的根本目标以及不同类型国有企业的功能使命，在分析国有经济布局现状和现存问题的基础上，探讨在分类改革视角下，不同功能定位国有企业采取的差异化、数字化战略变革模式对国有经济布局优化和结构调整的差异化影响，并提出相应对策建议，促进国有企业更好融入高质量发展格局。

一 国有经济布局的理论基础

国有经济布局可以从狭义和广义两个角度理解，狭义上的国有经济布局主要指产业结构。广义上则包括三个维度：宏观层面国有经济总量和占国民经济比重；中观层面有产业布局和区域布局；微观层面有企业盈利能力、抗风险能力、改革成效等（刘现伟等，2020）。

（一）国有经济布局优化与结构调整目标

总体而言，国有经济布局优化与结构调整的根本目标是促进国有经济功能的发挥和使命的践行。关于国有经济的功能和使命，诸多学者从多个视角进行了分析。本书在进行归纳之后认为，除基础服务功能、支柱构筑功能、流通调节功能、技术示范功能、社会创利功能、产权导向功能（程恩富，2004）等一般性基础功能之外，中国国有经济至少还具有以下两方面的特殊功能。

第一，特殊的社会主义市场经济体制决定了国有经济承担双重制度功能。国有经济在国民经济中占据主导地位，因此国有经济布局优化和结构调整具有最本质的维护基本经济制度的作用。主导地位的事实没有发生改变，也就意味着制度作用是稳定的（李政，2020）。然而，不同于西方资本主义国家的国有经济，中国国有经济承担着双重制度功能。一方面，从市场经济的角度看，国有经济承担着弥补市场失灵的一般使命。尽管西方经济学认为市场是配置资源的最有效手段，但在有些领域，如垄断、外部性和公共产品等存在市场机制的失灵，而且市场机制的有效运行并不能解决收入分配差距过大和宏观经济周期性波动的问题（李中义，2014），此时国有企业可以弥补市场经济的不足。具体而言，陈东琪等（2015）

认为推动国有经济向关键领域集中，合理减少国有经济的分布范围，放开自然垄断领域的竞争性环节，消除各种行政垄断，大力发展混合所有制经济等布局调整手段都是促进国有企业与市场经济有效融合、实现市场在资源配置中起决定作用的关键所在（陈东琪，2015）。另一方面，从社会主义的角度看，国有经济还承担着具有中国特色的实现共同富裕、维护社会公平（于洋，2010）的特殊使命。社会主义国家以国有经济为主体的经济形式是社会主义性质的必要保证，具有保持其国家性质的重要功能（顾洪梅，2012）。社会主义公有制以社会化大生产为基础，生产的高度社会化要求全体劳动者在全社会范围内联合起来按照共同的利益对所属的生产资料进行统一的有计划的调节。这一要求只能由共产党领导下的政府通过国有经济来完成，才能使"这种全社会的联合和占有不致流于形式，不致被局部利益的冲突瓦解，不致成为一种理论上的虚构"（张宇、王婷，2014）。因此，"主导作用"在社会经济发展中要求中国国有经济在进行结构性调整时具备不同于西方国家国有经济的特殊功能，发挥社会主义制度优势（徐传谌等，2017）。

第二，不同历史时期国家发展要求国有经济具备特殊的战略功能。推进国有经济布局优化和结构调整的目标是更好地服务于国家战略意图。由于不同时期国家经济社会发展重大战略与目标是动态变化的，因而不同时期国有经济产业布局优化和结构调整的方向与行业领域选择也必然会随之发生动态演变（肖红军，2021）。回顾中国国有经济使命变迁，国有经济从在国民经济中所有领域发挥作用，到只需要在关键领域中发挥作用，进而向保障国家安全中发挥作用过渡（盛毅，2021）。当前，新时代又对国有经济的发展提出新要求。中国社会科学院经济研究所课题组（2020）提出，国有经济布局优化和结构调整需要更好地服务于国家战略与民生目标，重点布局于创新型国家建设、"一带一路"建设、制造强国战略等关键领域。习近平总书记明确指出，国有经济要成为"党和国家最可信赖的依靠力量，成为坚决贯彻执行党中央决策部署的重要力量，成为贯彻新发展理念、全面深化改革的重要力量，成为实施'走出去'战略、'一带一路'建设等重大战略的重要力量，成为壮大综合国力、促进经济社会发展、保障和改善民生的重要力量，成为我们党赢得具有许多新的历史特点的伟大斗争胜利的重要力量"（习近平，2017）。

（二）分类视角下国有企业功能定位与改革方向

黄群慧、余菁（2013）将国有企业区分出公共政策性、特定功能性和一般商业性三种类型，认为公共政策性企业的使命在于弥补市场缺陷、完成国家赋予的具体政策目标；特定功能性企业的使命在于巩固社会主义基本经济制度和发挥其在国民经济中的主导作用；一般商业性企业以国有资产保值增值的盈利目标为核心导向。2015 年 8 月，中共中央、国务院正式公布下发了《关于深化国有企业改革的指导意见》，根据国有资本的战略功能定位和发展目标，结合不同国有企业在经济社会发展中的作用、现状和发展需要，将国有企业分为商业类和公益类。商业类国有企业以提高经济效益和市场竞争力、增强国有经济活力为主要目标，按照市场化要求独立自主开展商业化运作，实现优胜劣汰、有序进退。其中又分为主业处于充分竞争行业、高度市场化的商业一类国有企业和主业处于关系国家安全、国民经济命脉的重要行业与关键领域、主要承担重大专项任务的商业二类国有企业。公益类国有企业以服务社会民生、提供公共产品和服务、提高社会效益为主要目标，带有公共性和公益性。周绍妮、张秋生（2017）提出设计国有资本效率分类评价的指标体系，其中公益类国有企业应考核公共服务的数量和质量、经营业绩；商业一类国有企业应考核经营业绩和国际竞争力；商业二类国有企业应考核战略任务完成度和经营业绩。

对于公益类国有企业，国有资本应该加大投入，制定专门的法规严格规范其行为，实现经营去盈利化，利益去内部化，专注公共政策目标的实现；对于商业一类国有企业，国有企业应大力引入民间资本发展股权多元化的混合所有制企业（陈东琪等，2015），通过市场化手段增强企业活力和提高企业效率，而国有资本在竞争领域应流动、收缩或逐步退出；商业一类国有企业的改革调整总体方向是依托国有资本投资公司或国有资本运营公司的运作平台，不断地主动退出竞争格局趋于成熟、战略重要性趋于下降的产业领域和环节，不断努力在提供公共服务、保障国家安全和符合国家战略要求的各种新兴产业领域发挥更大的功能作用（中国社会科学院工业经济研究所课题组，2014）。

（三）企业数字化战略变革和使命嵌入

对企业而言，一方面，企业使命是数字化战略制定的目标和准则；另一方面，数字化战略能够推动企业使命的达成。数字化战略愈加深入地融入企业战略使命之中，赋能企业不断累积数字化资源，提升敏捷能力、网络能力以及大数据分析能力，支持企业使命持续达成（Vial，2019）。

对国有企业而言，国家使命内嵌于企业数字化战略之中。戚聿东等（2021）提出，不同功能定位的国有企业往往选择差异化的数字化战略变革模式，并对功能使命产生不同作用机制，由此初步构建了以"使命导向—变革模式—作用机制"为逻辑主线的国有企业数字化变革理论框架。因此，本书提出猜想，差异化的数字化战略变革模式通过促进不同功能定位国有企业的使命发挥，能够以不同方式达到优化国有经济布局的共同目的。

二 国有经济的布局和结构现状

（一）宏观：国有经济总量和地位

国有资产规模稳步提高，国有经济保持高速增长。从资产总量看，中国国有企业资产总量已由2013年的104.1万亿元增加至2020年的268.5万亿元，增长率达到157.93%。其中，中央国有企业资产总额从 43.4 万亿元增加到 94.0 万亿元，地方国有企业资产总额从 46.1 万亿元增加到 174.5 万亿元，整体来看，地方国有企业资产规模增速比中央企业高。从净资产总额看，国有企业净资产总额由 2013 年 37 万亿元增加至 2020 年的 97 万亿元[①]。从企业数量来看，2012—2019 年，全国国有企业数量从 14.7 万户增加到 21.7 万户，增长了 47.6%。其中，中央国有企业从 4.8 万户增加到 6.2 万户，增长了 29.2%；地方国有企业从 9.9 万户增加到 15.5 万户，增长了 56.6%。[②]

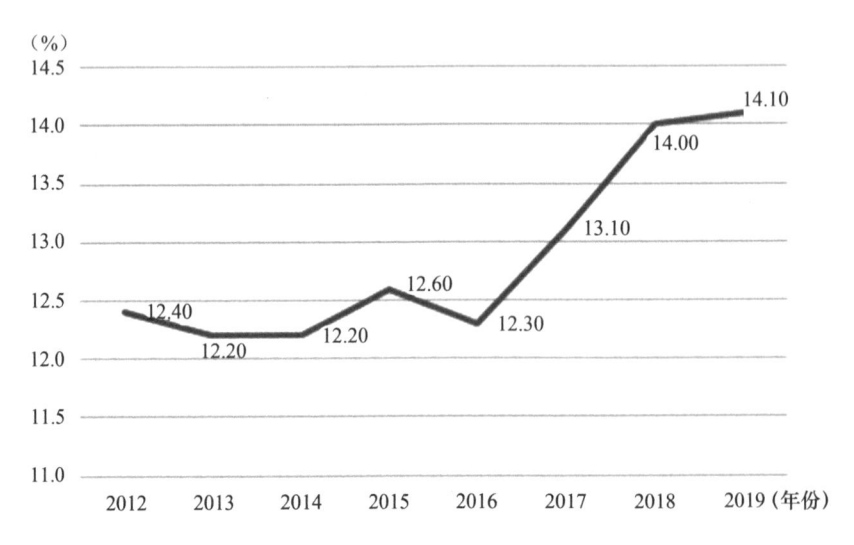

图 3-1　2012—2019 年国有企业资产总额占比

数据来源：中国社会科学院《中国国有经济报告（2021）》。

国有经济在中国经济中地位不断提升。根据《中国国家资产负债表 2020》，2019 年国内社会资产总额为 1655.6 万亿元，据此计算，当年国有企业资产总额占到国内社会资产总额的 14.1%，可见，国有经济部门在中国经济中占有重要地位。并且，国有企业资

[①] 数据来源：国资委。
[②] 数据来源：国有企业数量数据均来自中国社会科学院经济研究所《国有企业在构建新发展格局中的作用研究报告》。

产总额占国内社会资产总额的比例在 2012—2016 年基本维持在 12.3% 左右，而后呈现快速提升趋势。

(二) 中观：国有经济产业与区域结构

(1) 产业结构

从产业分布看，国有企业资产主要分布于工业、社会服务业、交通运输仓储业以及房地产业。2019 年，这四大行业占国有企业资产总额的 67.9%。其中，工业占 23.0%，仍是国有企业资产总额中占比最大的行业；社会服务业占比 19.7%，[①] 体现了国有经济在国计民生行业中的支撑作用。但在邮电通信业、信息技术服务业等高新技术行业中，国有经济尚未充分发挥其促进战略性新兴产业发展、推动产业结构升级的战略功能。

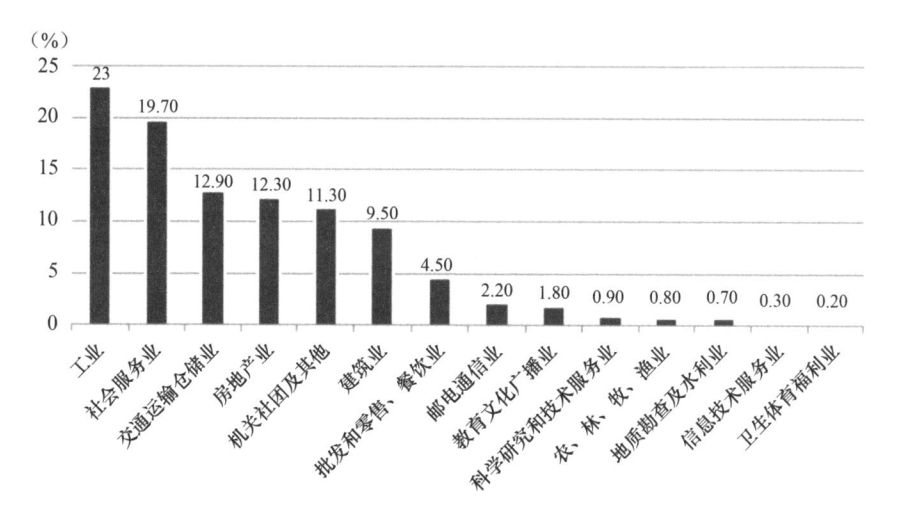

图 3-2　2019 年国有企业资产行业分布情况

数据来源：中国社会科学院《中国国有经济报告 (2021)》。

从不同产业国有经济布局效度来看，姚昊炜等 (2021) 综合考虑了国有经济布局规模、运行质量、社会效能三方面，纳入各行业

---

① 数据来源：国有经济产业与区域结构数据均来自中国社会科学院《中国国有经济报告 (2021)》。

国有及国有控股企业户均资产总额（亿/户）、户均负债规模、户均净资产、企业户数等 9 项指标，最终得出结论：诸如重化工、运输、通信、电子工业等关乎民生及基础支撑产业方面，国有经济运行良好，有力发挥了战略支撑作用。而在部分高新技术产业领域，抑或是偏市场竞争型行业，国有经济尚显布局时间短、深度不足，甚至无序竞争导致国有经济部分行业整体运行效率偏低的问题。

（2）区域结构

国有资本在各地区的分布主要以当地的经济基础为依托。中国国有企业资产主要集中分布在发达省份，中西部地区尤其是东北地区占比很小。图 3-3 显示了按四大地区划分的 2019 年区域国有资产总量占全国国有资产总量比例的情况。可以看出，东部地区占比最大，为 47%；其次是西部地区为 29%、中部地区为 19%；占比最小的是东北地区，仅为 5%。东部地区与西部、中部、东北地区之间的差别显著。中国各地区之间的经济发展水平仍存在差距，国有资产总量分布不平衡，仍需推动区域间经济协调发展。

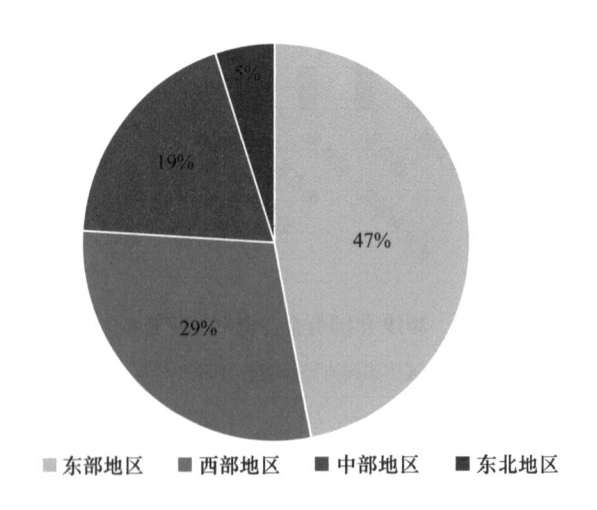

图 3-3 2019 年国有企业资产总额地区分布情况

数据来源：中国社会科学院《中国国有经济报告（2021）》。

目前，中西部及东北地区国有资本分布仍然较少，但国有资本分布日趋均衡。2012—2019 年，东部地区国有企业资产占比总体呈下降趋势；中部地区和西部地区占比呈上升趋势；东北地区占比较小，有所波动但幅度不大。当然，国有经济在地区间的协调发展需要继续深入推进，尤其要围绕东北等老工业基地振兴、中部地区崛起、西部大开发等国家区域发展战略，在促进中国区域协调发展中做出重要贡献。

（3）微观：国有企业经营现状

国有企业主要效益指标保持增长，国有经济运行稳中有进。从营业总收入看，2021 年，国有企业营业总收入 76.56 万亿元，同比增长 18.5%。其中央企营收 42.73 万亿元，同比增长 17.7%；地方国企营收 33.83 万亿元，同比增长 19.5%。从利润总额看，2021 年国有企业利润总额 4.52 万亿元，同比增长 30.1%。其中中央企业达 2.82 万亿元，同比增长 27.0%；地方国有企业利润 1.66 万亿元，同比增长 35.9%。从资产负债率看，2021 年国有企业资产负债率为 63.7%，[1] 比 2012 年下降了 1.4%，比最高点 2015 年的 66.3% 下降了 2.6%，债务风险显著降低且总体可控。

通过对国有经济的布局和结构现状分析，不难发现国有经济布局存在的主要问题体现在中观层面的产业结构和区域结构不均衡，因此，下文对国有企业数字化转型促进国有经济布局优化和结构调整作用的讨论也将重点关注产业和区域结构两方面。

三　国有企业数字化转型对国有经济布局优化和结构调整的作用

（一）国有企业数字化转型现状

国有企业数字化转型指数为 40.83，较全国平均水平高 8.58 个百分点，其中中央企业和地方国有企业数字化转型指数分别为 46.47 和 38.02。[2] 作为国民经济发展的中坚力量，国有企业对加速

---

[1] 数据来源：国资委。
[2] 数据来源：点亮智库《国有企业数字化转型发展指数与方法路径白皮书（2021）》。

中国从工业经济向数字经济转换发挥了引领作用。

从具体行业发展水平看，通信业、电力供应行业数字化转型指数稍高于国有企业平均水平，处于数字化转型第一梯队。科研和技术服务业、交通运输业、流程制造业、离散制造业数字化转型指数略高于国有企业平均水平，处于数字化转型第二梯队，贸易流通业、投资保险业、发电行业、建筑业、采掘业数字化转型指数低于国有企业平均水平，处于数字化转型第三梯队。

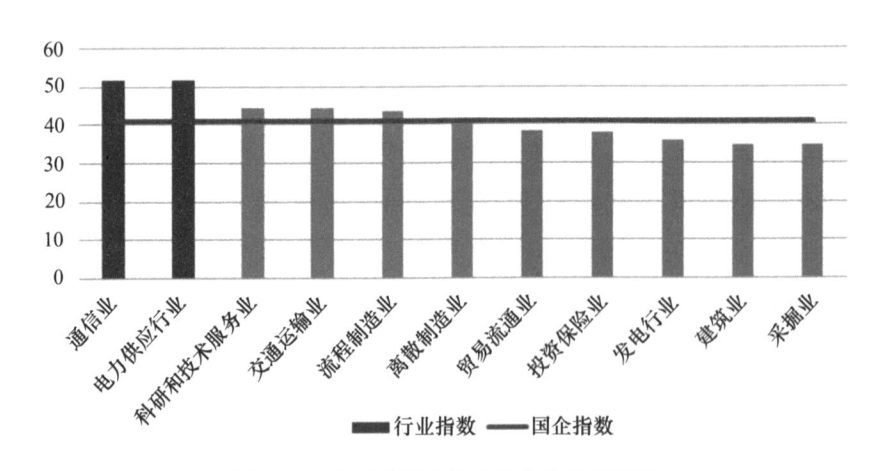

图 3-4　各行业国有企业数字化转型指数

数据来源：点亮智库《国有企业数字化转型发展指数与方法路径白皮书（2021）》。

（二）分类视角下国有企业数字化转型战略目标和实践路径

考虑到中央企业的典型性和代表性，本书选取东风公司（商业一类）、中国石油（商业二类）、国家电网（公益类）的数字化战略变革实践作为案例研究对象。

（1）商业一类国有企业：东风公司

东风公司数字化愿景是"数字东风、驱动梦想"，即通过数字化转型实现"卓越东风，世界一流"的梦想。目标是"模式创新、价值提升、平台共享、文化重塑"，即通过数字化转型完成商业模式和业务模式的变革和创新。

在具体数字化实践中,东风公司采取的具体路径是面向传统价值链业务开展数字化优化,面向未来的"新业务"开展数字化创新,同时为数字化转型构建有力的基础保障。第一,积极推进传统业务数字化,重点聚焦研发、制造、营销以及后市场等四个领域,利用数字化手段进行优化提升。第二,大力发展数字化新业务,推出智能驾驶和网联汽车产品,打造一体化出行服务平台、管理平台、渠道平台和大数据平台,构建出行生态。第三,从技术、组织、人才三个方面着力构建数字化转型的保障体系。

(2) 商业二类国有企业:中国石油

中国石油数字化战略总体目标是将数字技术融入油气产业链的产品、服务和流程中,推动公司发展理念、工作模式、运营管理、科技研发、管理体制机制等方面的变革,打造智能化生产、网络化协同、个性化服务等新体系,开创基于用户、数据、创新驱动的新商业模式、新生产方式和新产业生态,至"十四五"规划末初步建成"数字中国石油",驱动油气产业高质量发展。

在此目标引领下,中国石油坚持"价值导向、战略引领、创新驱动、平台支撑"总体原则,按照业务发展、技术赋能、管理变革三大主线实施数字化转型。第一,业务发展主线。加强科研与创新,统筹安排油气生产、油气贸易、炼化生产、油气物流、销售、产品贸易等各环节,实现油气业务链的协同优化,在主营业务领域打造智能油气田、智能炼化、智慧销售、智能工程等新业态。第二,技术赋能主线。着力完善"一个整体、两个层次"的信息化建设总体框架。"一个整体",即建设集团公司统一的云计算及工业互联网技术体系,支撑总部和专业板块两级分工协作的云应用生态系统以及十大专业领域组织开展以生产运营平台为核心的专业云、专业数据湖以及智能物联网系统建设,重点构建适应业务特点和发展需求的"数据中台""业务中台"和相应的工业 App 应用体系,为业务数字化创新提供高效数据及一体化服务支撑。第三,管理变革主线。按照数字化思维重塑组织体制和管理系统，建设相应的数字化支持体系；充分发挥数字化优势，持续推动专业化服务共享。

(3) 公益类国有企业：国家电网

国家电网数字化转型的战略目标主要有三个方面。第一，适应能源革命和数字革命相融并进趋势。以数字技术为电网赋能，促进源网荷储协调互动，推动电网向更加智慧、更加泛在、更加友好的能源互联网升级，持续提高能源供给清洁化、终端消费电气化、系统运转高效化水平，在引领能源生产和消费革命中发挥更大作用。第二，提升管理，改善服务。以数字化、现代化手段推进管理变革，实现经营管理全过程实时感知、可视可控、精益高效，促进发展质量、效率和效益全面提升，提高电力精准服务、便捷服务、智能服务水平，提升客户获得感和满意度。第三，促进新旧动能转换，培育新增长点。在电价持续降低、经营压力巨大的严峻形势下，深挖资源价值和潜力，以数字化改造提升传统业务、促进产业升级，开拓能源数字经济这一巨大蓝海市场，推动国家电网走出发展困境、培育新动能、开辟新空间。

在具体数字化实践中，国家电网从以下几个方面进行发力。

第一，夯实数字化发展基础，具体包括加强数据管理、构建智慧物联体系、建设数据中心。2020年，国家电网在数字新基建领域投入247亿元，全面部署电网数字化平台、电力物联网、能源大数据中心建设等十项重点任务，与41家互联网相关企业开展战略合作。

第二，推进电网生产、企业经营、客户服务等传统业务数字化转型，促进生产提质、经营提效、服务提升。

第三，积极拓展数字产业化。首先，国家电网打造了国内最大的能源电商平台，聚合产业链上下游资源，开展物资电商化采购，提供电力智能交费服务，为客户提供低成本、优质高效的平台服务。其次，积极开展智慧车联网业务。搭建了全球规模最大的智慧车联网平台，累计接入充电桩 103 万个，为经营区域 480 万辆电动汽车绿色出行提供便捷智能的充换电服务，实现"车—桩—网"高效协同的能源互动，助推电动汽车产业发展。再次，积极拓展电力大数据征信服务。利用企业用电数据，积极开展信贷反欺诈、授信辅助、贷后预警等方面的数据分析与应用，破解金融机构对中小微企业"不敢贷""不愿贷"的难题。最后，为各级政府精准施策提供技术和数据支撑。

第四，加强组织、技术、安全等方面的能力建设，构建层次清晰、高效协同的数字化发展组织体系，推进先进信息技术和能源技术融合创新，打造全场景网络安全防护体系，提升数字化保障能力。

表 3-1　　分类视角下国有企业数字化战略目标和实践路径

		东风公司	中国石油	国家电网
战略目标		实现"卓越东风，世界一流"的梦想	建成"数字中国石油"；驱动油气产业高质量发展	适应能源革命和数字革命相融并进趋势；提升管理，改善服务；促进新旧动能转换，培育新增长点
实践路径	传统业务数字化	聚焦研发、制造、营销以及后市场四大领域	油气生产、油气贸易、炼化生产、油气物流销售、产品贸易等环节数字化	推进电网生产、企业经营、客户服务等传统业务数字化转型
	数字化新业务	打造一体化出行服务平台、管理平台、渠道平台和大数据平台	云计算及工业互联网技术体系、云应用生态系统、工业 App 应用体系等	能源电商平台；智慧车联网业务；电力大数据征信服务；服务政府精准施策
	数字化转型保障体系	技术、组织、人才支撑	重塑组织体制和管理系统；推动专业化服务共享	组织、技术、安全能力建设
	其他			夯实数字化发展基础

（三）分类视角下国企数字化对国有经济布局优化和结构调整的作用

从东风集团的数字化战略目标可以窥见，商业一类国有企业通过数字化转型增强了企业市场活力，引领竞争性行业高效率发展，促进国有资本保值增值。在具体实践中，东风集团通过推动传统业务数字化转型、积极拓展数字化新业务和构建数字化保障体系，推进传统业务价值链和"汽车＋互联网"新事业两个方向齐头并进，能够在较大程度上提高东风集团经营效率，实现企业自身的转型升级和高质量发展。

以央企为例，商业二类央企包括国防、航空航天、军工企业以及石油、核电、电力等能源企业，还有三大电信公司和三大航空公司等企业（霍星宇，2018）。这类企业覆盖了中国的支柱产业、战略行业，都是关乎国民经济发展的关键。因此，商业二类国有企业数字化转型能够通过推动企业高质量发展，推动中国前瞻性战略产业转型升级，从而调整国有经济产业结构。具体而言，可以通过以下几种途径。第一，标杆引领。国有企业作为行业领头雁，在数字领域的创新资源、创新成果能够引领全行业数字化转型，为产业高质量发展和更深层次数字技术应用奠定基础。第二，典型示范。国有企业拥有较为丰富的内外部资源和较强的资源整合能力，能够通过承担前沿改革方案的试点先行，为其他中小企业的数字化转型提供借鉴经验。第三，平台赋能。国有企业天然具有较强的创新资源聚集势能，叠加在数字化转型过程中积累的数字能力和资源，能够通过平台的形式赋能行业内其他或者上下游企业，实现数字能力和资源共享。

作为公益类国有企业，国家电网数字化转型的服务范围要更加广泛，对国有经济布局优化的作用也更为深刻。首先，通过数字化转型提高公共物品和服务的质量与效率。公益类企业往往是公共物品和服务的提供者，数字化转型能够融合线上线下渠道，提高提供效率。如"网上国网"平台在疫情期间,大力推行线上办电,让人民群众足不出户享受便捷服务。其次,通过数字新基建全力支撑和服务社会各界企业数字化转型升级。如国家电网聚焦大数据、工业互联网、5G、人工智能等领域,将投资向"数字新基建"倾斜,预计拉动社会投资约1000亿元,带动上下游企业共同发展。再次,通过基础设施互联互通缩小数字鸿沟,推动共同富裕的实现。如国家电网推动全国电力联网工程,将现有的建设成本高、配置效率较低的区域同步电网,以及落后的无法满足电气化生活需要的城乡电网升级为综合效益更高、配置范围更大、传输效率更高的全国性特高压电网和可靠的智能配电网。最后,通过使命嵌入辅助实现国有经济战略功能。公益类国有企业的使命在于弥补市场缺陷、完成国家赋予的具体政策目标,因此在具体数字化方案设计和实践中也会嵌入相关使命。如国家电网积极服务政府精准施策,开发智慧环保电力大数据产品,在线监测污染源企业排污情况,在四川成都已将6078家环保重点受控企业用电信息接入环保监测平台,帮助生态环保局1小时内完成所有企业线上检查。

第二节 国有企业数字化对推动现代化产业链建设的意义

一 国有企业在产业链中的角色与担当

(一)传统产业链:国有企业更多地处于"链主"地位

传统大型国企业务范围宽、产业层次多、体量大、资源丰富,在产业链中具有强大的话语权,但这种权利主要来源于资源优势,而不是创新优势。国有企业倾向于集团一体化管理,不断向产业链上下游拓展势力范围,甚至将相关金融、地产等辅业纳入业务范围,形成供产销集中管理的垂直一体化产业链模式,但产业链一体化协同水平并不高,容易出现重规模、轻效率的情况,产业创新能力不足，整体竞争力弱。

（二）现代化产业链：国有企业更多地担任"链长"

现代化产业链从传统的链式结构，向开放、共享、共创的数字化网状产业生态系统转变，以优化组织结构、提高要素配置效率，各企业处于竞合关系。产业链不是简单的投入—产出关系，而是处于多元联结的状态，灵活适应市场需求和产业环境变化。

在现代化产业链中，国有企业具有技术、资源、人才等方面的竞争优势，应更多地担任"链长"：推动构建产业生态圈，在生态价值体系中担任主导方，促进生态合作伙伴的资源共享、业务合作和创新协同。

（三）部分产业链自主可控能力不足

一些行业关键技术存在"卡脖子"问题，核心工艺、高端装备、高端工业软件等对外依赖度高；一些行业发展盲目追崇市场，容易被国际市场供需情况左右。产业基础薄弱，产业链创新协同能力不足，高校、研究机构、上下游企业、国企与民企等主体间信息知识共享不足、产研学结合创新能力不高。

（四）不同环节的合作关系有待加强

产业组织结构是基于竞争原则形成的垂直分工、水平分工的传统产业链结构。在传统产业链中，领军企业往往处于产业链的核心地位，与中小企业或上下游配套企业形成"主从"关系，产业创新由"链主"企业控制，并形成壁垒，企业间处于竞争关系，产业链的各环节各企业间协同合作不足，容易造成资源错配，降低资源配置效率。

二 数字化转型对国企产业链的影响

（一）新基建支撑现代化产业链发展

新基建以5G、云计算、大数据和区块链等数字技术作为核心技术，强调技术应用。新基建推动信息基础设施和信息技术的发展，联结了物理世界与数字世界，将现实空间的生产活动同步到虚拟空间，真正实现"网—人—物"的深度融合（周嘉、马世龙，2022）。物理空间和网络空间的全方位数字化对接需要处理大量复杂的异构数据，工业互联网、物联网等通信基础设施可以加强数据的捕捉与传输，云计算、大数据等新技术基础则可以提高处理与分析数据的能力，新基建提高了生产效率，推动传统产业链的转型升级。能源企业、通信企业等大型国有企业是新型基础设施建设的主力军，通过数字化驱动智能化运营和服务能力的提升，带动各界数字化转型，发挥基础产业对产业链和经济社会发展的带动融通作用。

（二）平台重构国企产业链

数据资源成为关键的生产要素，大量数据资源为国有企业数字化转型提供了基础，同时也需要数据标准化、数据分析等系列数据治理工作以最大化数据资产价值，平台作为国有企业数据治理的重要工具，以信息流带动技术流、资金流、人才流和物资流。

从供产销运供应链平台、人财物资源管理平台到工业互联网平台、产业互联网平台，平台成为产业组织的重要形式，深化线上线下驱动融合，数字化平台打通国有企业内部、国企民企之间、行业之间的信息壁垒，打通供给端到需求端，减少供需不匹配，推动国企产业链精简高效，降低交易成本，提高要素配置效率。

三　国企通过数字化转型促进现代化产业链发展的实践

（一）打造产业数字化平台，推动链上企业高效协作

数据是数字经济时代产业发展的底层驱动力，数据资源质量、数据基础管理和数据治理能力直接决定了企业数字化能力。企业构建工业互联网等产业数字化平台，可以打通资源要素流通壁垒，特别是数据要素的交换与共享，以信息流引领技术流、资金流、物资流，国有企业作为现代化产业链的"链长"，应推动产业生态圈企

业数据贯通、业务协同。例如，中国电信建立大数据湖，打造深入行业具体应用场景的垂直行业服务生态，构建业务中台、数据中台和技术中台等企业数字化平台，场景化的新型产品和业务形态赋能中国金融、医疗、物流、农业、文化旅游等各行各业数字化转型。中国联通积极打造"一朵工业云、内外两张工业专网、一个工业互联网平台+开放应用"产品体系，支撑煤炭、钢铁、家电和航空等领域客户数字化转型。

（二）推动应用上云，赋能中小企业数字化转型

国有企业具有技术、资源等方面的优势，应推动深入行业应用场景的云服务和企业服务 SaaS、PaaS 级应用的建设，为中小企业提供数字化转型工具，减少中小企业数字化转型成本，降低风险。兰石集团作为大型能源装备制造企业集团，肩负着助力甘肃企业转型升级的责任，在企业外网门户提供 SaaS 应用超市，为企业客户及其他工业企业提供云管理、物联网、数据治理等工业应用。宝钢集团逐步整合云应用，向周边矿业开采、装备制造等中小企业提供工业互联网产品，将数字化经验以应用的形式呈现，便于复制推广，以点带面推动体系数字化转型。

（三）建设产业创新协同体系，提高产业创新能力

中国传统产业链创新协同能力不足。现代化产业链下，国有企业在保证自主创新能力的基础上，通过企业与高校、研究院、协会等创新主体的广泛合作，建立面向产业生态圈的协同创新互联网平台，促进创新相关信息和资源共享，推动产业协同创新、融合创新，组织国内产业各方力量解决关键技术攻关难题。中核集团发布《中核集团人工智能与核科技产业融合发展规划指南》，成立核工业机器人与智能装备协同创新联盟，加强集团与高校等外部伙伴合作，有效推动中核集团产业链创新体系建设。招商集团通过联合科研项目等合作创新行为，对与产业场景结合的前沿技术投入研究，加快传统产业数字化建设。广东机场集团加强航空运输业与旅游

业、地方政府、航空制造业及其他交通运输业等产业链创新链协同合作，推动智慧机场与智慧城市融合与发展。

（四）建设产业协作网络，优势互补、合作共赢

传统产业链中各企业协同合作不足，资源配置效率低，比如，文化、旅游和农业等传统行业的大型国企要素资源丰富，但数字化技术弱、数据资产利用率低，数字经济时代，该类企业通过积极整合外部资源，构建优势互补、合作共赢的产业协作网络，发挥企业的比较优势，更快地推动产业结构升级，减少资源浪费，提高经济效率。例如，作为吉林省旅游产业的领军者吉林旅控集团，与阿里巴巴集团合作开发"吉好选"平台，打通旅游商品供给端到用户端的线上化，减少交易费用，促进供求精准对接。另外，吉林旅控集团与北京智控公司合作建立旅游云服务中心，为集团及其他旅游企业发展提供云服务。

四 国企数字化转型进一步推动现代化产业链发展的建议

（一）构建良好的数字化平台生态

国有企业作为现代化产业链"链长"，应当发挥产业"领头雁"的作用，加快工业互联网平台等行业级数字化平台布局，打通数据"孤岛"，鼓励链上企业加入产业数字化平台，有效促进信息交换与共享。为保障平台其他资源共享主体的利益，充分发挥平台联结生产要素的枢纽作用，国有企业作为产业数字化平台的发起者时，应当注意以下几点。

一是开发围绕特定场景的云应用和云服务，将技术、经验等进行模块化和软件化，为中小企业数字化转型提供经济适用的数字化工具，降低中小企业开发、采购和运营数字化应用的成本。

二是加强产业数字化平台的安全建设，加强风险防范，维护正常运行秩序，维护平台内企业数据安全。

三是保证平台的中立性，在促进产业链的资源共享和业务协同

的同时，应当保护平台各主体的商业利益和数据隐私、完善工业互联网等产业数字化平台的知识产权保护，推动整个产业生态良性发展。

（二）推动供应链金融数字化发展，将数据资源转化为资本和资金

数字化转型实现企业内外部产业链"上云"，"云上"实时精准的业务数据为金融机构构建信用评估模型提供便利，促进深入业务场景的供应链金融的发展，为链上企业，特别是中小企业的融资提供便利。

另外，云计算、大数据等数字技术应用使供应链金融平台能够快速整合分析大量非标准化的业务数据，帮助金融机构评估企业的业务经营状况和信用风险，联结金融机构和链上企业，提高信息利用效率和融资效率。

国有企业作为"链长"应利用数据资源优势，结合数字技术建立基于数据的产业数字信用链条，搭建产业链金融平台为链上企业提供授信辅助等供应链金融服务，与金融机构达成战略合作，促进现代产业链上企业的融资便利。

（三）进一步加强产业协同创新体系的建设

国有企业应成为基于创新能力的现代化产业链的"链长"，组织各方力量进行基础研究、战略技术、前沿技术等方面的技术攻关，在创新攻关的"揭榜挂帅"机制中发挥核心作用，加强与民营企业、中小企业的创新合作，提高创新机制的灵活性和创新活力。同时强化国有企业的"压舱石"作用，充分发挥国有资本的带动作用，培育一批"专精特新"、具有自主创新能力的创新型领军企业。

第四章

国有企业数字化转型与体制机制改革的互动关系

第一节 建立与国有企业数字化转型相适应的体制机制

一 国有企业数字化转型面临的体制机制约束

国有企业内部存在一些体制机制问题,影响企业决策和企业绩效。国有企业数字化转型,也面临一些体制机制问题的约束。

(一)国有企业内部问题

国有企业内部层级复杂,协调难度大。国企的组织结构多为层级式、金字塔形,组织结构相对复杂。多层级、金字塔形的组织结构使国企改革涉及的群体和利益多而复杂,牵一发而动全身。国企在数字化转型过程中难以满足所有的利益相关体,转型中存在较大的利益协调的成本。

(二)国企的集团化经营方式

国有企业相较于民营企业体量庞大,存在一定的运营惯性,容易对数字化转型形成负面锁定效应。国企大多是集团化经营模式,规模庞大、系统复杂,其转型过程中面对的困难和挑战也更为复杂。

首先，集团化企业一般下设多个业务板块，转型过程需要对各板块的业务管理需求、组织能力要求、建设路径、预算规划等方面进行全方位了解，在内部推动时存在挑战。

其次，集团公司在信息化规划与架构设计时，如何有效兼容多个业务板块的共性和差异，如何协同发力推动集团发展，在多业务板块转型过程中实现"1+1>2"的合力仍存在挑战。

最后，国企的集团化经营模式使其在数字化转型过程中面临严重的数据孤岛问题。大型国企虽然具备一定的信息化基础，但由于顶层设计缺失与历史原因，数据信息孤岛和碎片化现象普遍。集体化经营方式所形成的庞大规模、复杂的内部系统，加之各个供应商系统的数据兼容性与集成性问题严重，企业难以整合，会在很大程度上延缓数字化转型进程。

（三）国有企业决策流程长，信息传递慢

国企管理和信息传递的链条相对较长，国企内部信息传递、决策和管理的下达都相对缓慢，信息失真的现象伴随层级的增多而发生。与此同时，当外部环境发生变化的信息上达后，还需要等待国企高层，甚至常会涉及相关政府部门共同研究、协商和最终决策，这种自上而下的决策模式也导致审批流程长，难以响应瞬息万变的趋势变化。

（四）国企多以业务为中心，数字部门缺乏足够的话语权

国企的组织结构常常以业务部门为主、以管理部门为引领，长期以来，国企与数字化相关的部门常常被定位为协助业务和管理的辅助部门，主要是进行信息系统的建设、维护和管理工作。该部门也主要是技术人员，受专业和经验所限，技术人员难以深入地参与到企业的高层决策中，也难以深刻把握国企战略和未来发展，技术人员和管理人员在组织结构中的分离使企难以应对数字化时代对国企全方位、深层次的变革。

（五）国企的员工常年从事常规性的活动，发展逻辑和理念难以转变

传统的工业经济逻辑是要利用土地、劳动力、原材料和机器等生产要素，进行生产和经营活动，企业要扩大生产的途径是进行资本的积累。而在大数据时代，企业除利用以上生产要素之外，还需要利用数据，将数据贯穿到企业生产和经营全过程中，企业扩大再生产需要依靠数据、信息和知识的积累。国企的员工常年从事常规性的活动，大多陷于原有的思维路径中，转移的成本和难度相对较大，员工队伍难以适应数字化的新变革，在数字化经营中处于"零经验"，其思维和能力一时难以转变，强硬地进行数字化反而可能导致效率的降低。

（六）国有企业数字化转型与绩效考核可能存在冲突

国企作为国民经济的重要组成部分，担负着国家发展命脉的守护之责，需要考虑经济利益和社会利益的结合，并始终将社会利益放在国企发展的第一位。因此，国企数字化变革也不仅仅只考虑经济效益，更重要的是，要通盘考虑国企数字化对国家和社会带来的影响。在国企数字化变革时期，数字化转型一方面要考虑到国家战略目标和政策变化、技术和管理创新的需求及国企高质量发展等时代要求；另一方面需要考虑到国企党建、国有资产保值增值、促进就业、打破技术壁垒和瓶颈等系列基础要求。

二 体制机制问题的理论逻辑

（一）组织柔性理论

国有企业数字化转型，可能实现企业的能力柔性和文化柔性，进而实现组织柔性。David（1996）认为组织柔性是组织具备的一种动态的能力，可以根据内外部环境的变化及时地作出调整和应对举措，以此巩固组织的市场竞争能力，达到更优的市场绩效，从而在变动的市场环境中处于持续发展的状态。Sanchez（1995）认为

组织柔性是一个多维度概念。后续学者在关于组织柔性的研究中，认为能力柔性与文化柔性是组织柔性的关键。

首先是能力柔性。国企决策流程长，对市场变化的反应慢，是制约国企高质量发展的难题之一。而数字化转型有望通过改变传统的层层上达、依赖经验的决策机制，实现国企决策的能力柔性。数字化转型使国企的决策从单纯依赖经验转向重视数据和信息。国企的决策机制发生了改变，由此使得当组织外部环境发生变化时，国企的数据也将对此做出反应，业务部门可以基于对数据的加工、处理和分析，能够快速、科学地对市场变化做出应对方案，并且这些操作都能够在系统中共享，国企高层能够实时地获取业务部门的信息，从而高效地进行审批等，而省去了传统的层层上达、依赖经验的决策模式，能力柔性得以在国企内部发挥。

其次是文化柔性。国企员工常年从事常规性工作，发展的逻辑和理念难以转变，难以适应市场新变革。而国企数字化改革使内部员工能够不断从外部获取新的数据，然后基于对数据的处理和分析形成有价值的信息，最后海量多维度的信息关联整合起来，形成员工的知识，数字化转型的外部冲击在这个过程中实现了员工的思维逻辑、理念等的转变，并保持了员工与外部环境的有效、高频的互动，促进了组织的文化柔性，即组织内部的员工始终保持开放共享和包容的理念，能时刻拥抱外界新信息和新知识。

(二) 有限理性理论

赫伯特·西蒙决策理论的核心和前提即"有限理性"，西蒙认为，现实中的管理者或决策者都是介于完全理性和非理性之间的有限理性，管理者决策的依据大多是依靠以往经验，而经验都是基于历史的维度，存在时效性的问题。Knight（1921）也认为在管理决策层面，模型的不确定性是无法避免，且是不能消除的，因此决策的传导和效果也是不确定的。

与传统决策模式不同，在国企数字化转型基础之上，决策模式从依据经验转向基于数据，数据可以在较大程度上实时反映国企内外部的变化，从而消除时间差对决策的影响。除此之外，数字化系统还可以通过建立模型，模拟各种不同的情境，以此预判结果，减少决策的失误成本。此时，数据不仅仅能够反映历史状况，国企还能够通过数据之间的关联和整合反映事物发展的趋势，从而带来预判性的信息，降低信息的不确定性，让信息和决策更加精准。

（三）交易成本理论

科斯的交易成本理论认为，在有限理性、信息不对称及不确定性等现实条件之下，组织的边界是由市场的交易成本和组织内部协调成本之间的平衡决定的。因此，当企业与市场进行交易的成本低于企业自身进行生产和经营的成本时，企业就会缩小其边界，反之则会扩大企业边界。

数字技术的应用和国企的数字化转型，实现内外部信息的通畅，还能够降低信息的不确定性，同时促进业务流程和管理决策的数字化，优化国企各种资源的配置，提高生产和经营的效率。并且在数字化的过程中，还可以降低企业的搜寻成本、交易成本、履约成本、管理成本等，最终使国企的生产、经营和管理的总成本下降，而使效率提升。在这种情况之下，国企有更多资源和精力去拓展业务和扩大国企的生产和经营规模，从而实现国企横向和纵向边界的拓展。

三 数字化转型对国企内部组织结构的冲击

（一）组织架构

数字化促进层级调整和组织结构的变化。数字化要求国企要以数据基础设施为基础，将数字技术和数字思维贯穿到国企业务和管理的全部流程中，为国企注入数字化力量，并依靠数字化促进层级调整和组织结构的变化。一方面，数字化使部分流程和工作实现了自动化、智能化，将数据和流程上传到云端，由系统自主分析和处理，部分常规化管理职能因此被系统取代，职能管理队伍缩减；另一方面，数据在云端共享，使信息传递的链条变得更短，信息的高度透明性使信息失真的现象也得以有效避免，组织架构从层级式、金字塔形向网络化、扁平型转变，组织内部中的个体将会被赋予更多的权利，其意见可以有机会在组织内部传达和生效，促进组织的平等化、自主化。

数字部门的地位更加重要。在组织内部，传统的技术部门从单纯的技术支撑部门向综合型部门转变，其在组织结构内部的重要性会提升，将会从技术向业务、企业战略、人才发展等领域延伸，从后台逐渐走向前台，深入业务中。并且基于海量多维度数据，组织内部可能还会出现新的工种甚至新的部门，如2019年人力资源和社会保障部发布了15个新职业，其中就包括数字化管理师。根据其定义，数字化管理师参与企业组织结构调整、运营流程维护、大数据决策分析等领域，贯穿了企业的生产运营和管理的全过程。这些新的工种和部门兼备业务、技术及管理等属性，将会对国企整个经营和发展带来质的转变。

(二) 决策机制

数字化可能加快国企决策过程。国企数字化使国企的数据得以采集、存储、分析和利用，数字化的系统可以将生产和运营的各种操作转化为数据，并且将原有的数据记录无纸化，将国企的生产数据、销售数据、库存数据和管理数据等云端存储和共享，这些多维度的海量数据在数字化系统中进行集合和联通，最终被整合成可以反映当前生产运营现状及未来发展趋势的信息，并通过系统自动进行可视化呈现，以供国企进行合理有据的决策，避免传统的"拍脑袋"决策。除此之外，国企数字化使所有的信息都在云端传递，使国企的各项决策得以在云端共享，直接触达一线员工，帮助员工快速、高效地理解和贯彻高层的决定，同时也可以及时反馈员工的建议和决策落地过程产生的问题，使决策可以始终处于可控的动态有效调整中，并形成一个正反馈决策机制。

数字化可能使国企决策更加科学、有效。国企海量数据的积累还可以为基层工作落实提供参考，并且省去了传统的人工数据整理、存储以及人工汇报的过程。同时也解决了国企多年数据底稿保存不善导致的数据缺失和人为或无意导致的数据误差等问题。因此，数字化可以有效解决国企传统经营和管理过程中的"信息紊乱"和"决策低效"两个核心问题，使决策制定和落地有据可依。如杭钢集团通过建设以协同运营中台 COP 为统一入口的综合管理平台，实现总部及下属各单位管理制度落地及文件的上传下达，全面提升决策和协作效率，并且借助中台敏捷开发特性，快速匹配杭钢集团转型管理需要。

(三) 企业边界扩张

数字化打破了企业传统的边界。企业边界是指企业在日常的经营过程当中，基于其核心竞争力和市场化运营所形成的一定经营范围和规模。其中，企业的经营范围决定了哪些业务由企业自身完成还是通过市场交易完成，是企业的纵向边界；企业的经营规模是指在可经营的业务领域内，企业以多大的规模进行生产和经营活动，是企业的横向边界。

数字化通过减少信息的不对称，促进交易的产生和达成，同时因为云端的信息在国企员工之间进行交互，更快地就企业的战略、业务和管理等达成一致，极大地降低企业内部的运营和管理成本，甚至当数字化深入国企的生产运营过程中，发挥出大数据和数字基础设施的巨大效应。这种因数字化带来的组织内部生产和管理的边际成本下降幅度将大于组织与市场进行交易的边际成本，国企的生产和经营规模及范围也因此得以扩大，国企成本下降的同时，伴随效率的提高，促进国企向供应链上下游延伸，扩大企业生产边界。

四 适应国有企业数字化转型的组织形式

数字化商业环境的变化对所有市场参与者，尤其是组织产生了重大影响。数字化转型对于组织来说是必不可少的,因为它们需要在市场上保持竞争力,因此组织应该经历重大的结构变化。为了高效运作,组织必须采用新的商业模式,并充分应用现代数字时代新兴的创新组织解决方案。本书旨在分析支持数字化转型的体制机制的关键方面,并指出数字化时代组织模式的可能解决方案。

建立"三台型"组织架构,建设专门的数据管理中心,同时在优化企业内部组织的基础上构建生态型组织,有利于国有企业快速适应市场环境的内外部变化,构建起扁平化、专业化、灵活敏捷的内部组织。同时,把握住一把手与数字化领导力的关系,建立起基于 OKR 模式的绩效考核以及重视数字文化变革,可以更好地从机制层面助力企业加速数字化转型过程。

(一)企业组织形态升级——"三台型"组织架构

从企业组织内部的合作关系的演变历程来看,在过去企业组织的形态是"科层制",由基于专业分工的"科"和不同能力水平的"层"组成,现在绝大多数组织是科层制的组织架构体系,这是一个基于专业和权利关系组成的矩阵状结构。在数字经济时代,数字技术的一个重要应用是改变人们之间的交流合作方式。随着社交化技术在企业组织沟通中应用的不断深化,公司内部的信息交流成本和部门间的任务协调成本大大下降,使公司业务部门决策逐渐分权化,科层制的组织架构正在逐步转型升级,并且有可能彻底改变企业的经营模式及组织形态。

(1)以产品为中心的"蜂巢式"组织

在科层制组织下,组织的分工是按照专业和能力进行的,不同的专业领域被分配在不同的科或者部门,而层级则是按照能力分工的,能力强大的做高层。过去在科层制组织下,员工既不能越级汇报,也不能越级管理,从而确保每个层级都发挥自己的决策和管理作用。这种科层制在最初的组织设计上发挥了专业和能力,使每个人都能够找到自己的位置,最大限度地发挥员工的专业和能力。但是，这种组织形态也牺牲了组织决策的效率性。在传统工业时代，重视专业能力而忽视决策效率没有太大的问题，因为在一个稳态的市场环境下，所有的企业都是稳步管理的。但在数字经济时代，传统的垂直型、多层级、封闭的组织结构过度依赖于集团总部的中央管控，缺乏灵活应变的管理机制，制约了决策的及时性，禁锢了组织的敏捷性，越来越难以适应数字经济时代。集团与终端用户之间相距甚远，不利于使数据、信息快速地转化为经营决策，严重削弱了企业的市场竞争力。扁平化的组织结构能够以用户为中心，基于小型团队的分散化决策以及更广泛的连接与集合，加快资源的交互与整合，成为企业内部数字化转型的最优方案。在扁平化的组织结构下，供给侧的分工得到深化，小型团队将致力于持续强化在用户价值创造方面的核心能力，企业的核心能力更加侧重于价值整合、价值供给以及改善用户体验，通过平台化管理为小型团队与用户的沟通以及小型团队之间的交流、合作提供所需的各类支持。

以谷歌为代表的互联网企业提出了围绕产品和服务为中心的"蜂巢式"组织，即基于一个产品或者服务，建立产品经理专门负责该产品或者该互联网服务，然后在这个产品或者互联网服务上配置对应的专业需求人才，包括财务、人力资源、前端开发、后端运维、营销和销售职能，所有这些职能都由产品经理负责，同时建立了财务 BP（Business Partner）、人力 BP、技术 BP 等。

（2）以客户为中心的"军团制"组织形态

现在越来越多的组织正在打破这种固定的或者稳态的组织形式。当客户有了具体需求之后，企业内部甚至包括企业外部的部分合作者共同组建一个群，讨论相关的客户需求及解决方案，并在一个较短的时期内快速解决客户诉求。当客户的诉求被解决之后，这个群就会被解散。当有新的客户诉求进来时，新的群组成立，然后在客户需求满足后再被解散。这种组织可以被称为"军团制"，一个基于客户需求或者某一项特定任务组建的"军团"，一次"战役"结束之后,"军团"解散,成员回归到自己的组织,等待下一次客户需求,或者下一个任务/项目。这种组织类似于机动部队,随时响应战场的变化,所以称为"军团型组织"。

"军团制"改变了组织的权利关系和决策权限,站在一线的员工往往会掌握更多信息,有更高的决策权。站在后端的"高层领导"根据前线的需求,在企业的"后台"调集"中台"各种资源服务于前端,从而形成基于"前台、中台和后台"的"三台型"整体组织模式。另外,需要层层汇报的机制被打破,指挥"战斗"的人不是高高在上的"高管",而是"听得到前线炮火的战地指挥官",这种组织才是真正以客户为中心的组织。传统的"科层制"是以企业负责人为中心的,"蜂巢制"组织是以产品为中心的,而"军团制"的组织形式是动态的、以"客户"为中心的。

科层制　　　　蜂巢制　　　　军团制

图 4-1　组织技术驱动与组织形态变革

当然,这种组织的出现需要更快速的信息传播和更快速的响应机制,必须借助信息技术和数据技术实现信息与数据的充分共享。在企业数字化转型过程中,"军团制"组织模式和相伴出现的"三台型"组织架构彻底颠覆了传统组织金字塔式的科层制。"三台型"组织架构是一种生态型组织的范式,其"三台"是指向市场和客户的灵活型"前台",提供生产供应的稳定型"中台",以及提供一致的专业服务和支持的标准化"后台"。具体来说,前台即团队,在生态型组织内部建立以"成果"和"业务单元"为核心的基层组织单元,并赋予创新团队和领军人才更大的人、财、物支配权和技术路线决策权，让其对自身的工作绩效、成果负责，彻底解决权力和资源集中的问题，减少与组织在目标、资源和权力上的博弈。中台即服务性平台群，是指集成的共享平台群，以开放的资源，为平台中的团队提供能力支撑和服务。这些平台包括管理职能平台、研究实验——试验平台、技术转移平台、数字服务平台等。此外，还要搭建一批跨组织、跨学科虚拟平台，包括组织间的创新协同平台，如创新联合体、新型研发机构，包括组织内的创新集群等。后台即决策层，具体指组织的决策班子、学术机构、非常设专门机构等，主要负责履行组织战略设计、重大决策等职能，并对前台和中台进行长期的指导和管理，可以说是"三台型"组织架构的"大脑"。

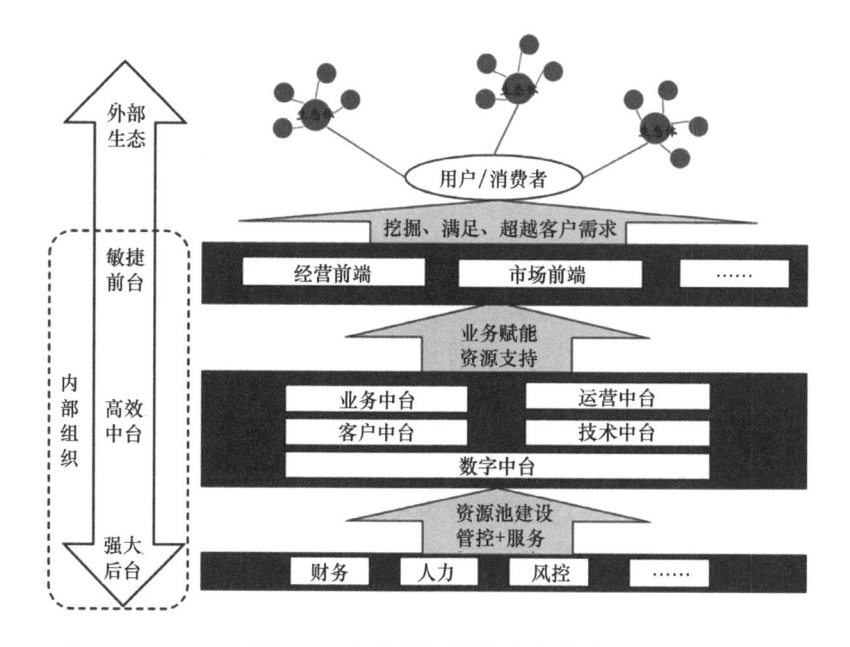

图 4-2　生态型企业的组织架构图

（二）从信息化向数据化转型——数据管理中心建设

数字化转型是数据技术（Data Technology，DT）驱动的，有别于信息技术（Information Techonlogy，IT）服务于企业特定业务流程的特点，DT 更加强调服务于企业生产经营决策。IT 和 DT 的区别在于，IT 规划以 IT 基础设施和信息系统为核心，服务于企业的业务流程，提升的是流程的效率；而 DT 规划则要以数据为核心，以数据管理为内核，以数据开发和数据应用为内容，以数据分析和挖掘为手段，服务于企业的经营和管理决策，提高决策的质量和效率。在信息化模式下，信息化系统记录了所有业务环节各个节点的数据，能够做到随时可查、可追溯，方便管理。长期以来，国企的组织结构常常以业务部门为中心、以管理部门为引领，与数字化相关的部门常常被定位为协助业务和管理的辅助部门，这是传统信息化变革后的常见结果。数字化相关部门主要进行信息系统的建设、维护和管理工作，确保只要流程中有活动需要记录，就有一个信息化的界面或者数据采集的环节记录数据。该部门也主要是技术人员，受专业和经验所限，技术人员难以深入地参与到企业的高层决策中，也难以深刻把握国企战略和未来发展。而数据技术则是在信息技术基础上进行发展，基于信息化积淀的数据，对这些数据进行深度分析和挖掘，从而更好地服务于企业的经营决策。故信息化主要从业务流程视角看待问题，而数字化转型则需要企业利用数据技术从数据采集、数据管理、数据开发和数据应用的全方位视角思考问题。

从信息化向数据化转型的重点在于打破以业务部门为界的"数据孤岛"问题，由于以业务流程为中心的信息化建设只需要满足特定业务的流程需要即可，不关心数据之间的关系，这样业务流程的边界就成为信息系统的边界。例如，客户关系管理（Customer Relationship Management，CRM）系统由销售部门主导，只服务于客户关系管理，对产品、定价、物流供应支持力度不足；企业资源规划（Enterprise Resource Planning，ERP）系统以财务管理部门为主导，主要关心涉及采购、生产和销售等业务流程相关的资金流动，即业务流程中的财务信息或者货币化的劳动是否被记录，但不会关心这三类订单之间的逻辑关系。这样以业务流程各环节的信息化建设就形成了数据孤岛，这是传统信息化建设的必然产物。而在数据技术的逻辑下，数据中心与传统的数据中心有不同的内涵，不仅仅是传统的互联网数据中心（Internet Data Center，IDC）建设，而是需要在传统 IDC 建设和信息系统维护的基础上管理数据资产，推动数据应用。

同时，构建单独的数据管理中心也是对数字化转型企业在人才建设层面的一项重大挑战。企业在数字化转型过程中，需要拓展数据中心的数据开发职能，这就意味着数据中心的员工必须具备数据分析的能力，不仅需要懂得数据算法，还需要根据业务场景不断优化算法。过去，信息中心的员工基本是编写程序代码或者维护硬件的工程师，而不是具有数学知识、分析技能和理解算法的分析师，更不是懂得业务需求的业务专家。数据中心组织中必须引入数据分析师、数据科学家和算法专家才能承担这样的职能，数据中心必须从后台的信息中心向前台迈进，至少是在中台上服务于组织，为前台的业务进行赋能和资源支持。

（三）打破组织边界——建立生态性组织

为了更快更好地实现数字化转型过程，企业数字化转型除了要优化企业组织内部的层级结构和决策机制等，也需要更广泛地利用外部生态系统提供的机会，共建互利共赢，开放价值生态。随着互联网创新应用和数据技术的崛起，外部环境变化越来越快，这就要求敏态化的组织不仅要打破层级结构，还要打破组织的边界，"生态型组织"的概念应运而生。传统的中国消费市场的商业价值链是以产品为中心进行的单向传导，而在数字经济时代，这种传统价值链正在演变成以消费者为中心的价值网，一切产业板块与企业管理都围绕消费者展开。这种价值链演变的趋势也蕴含生态型组织的发展前景。生态型组织并不是传统意义上的组织，而是一种开放式的松耦合的组织模式，企业组织的边界被打破，组织内外的关系开始模糊，每个实体都是一个生态体系下共同体中的一员，都在为整个生态的发展贡献自己的力量。在生态型组织内部，各个成员相互之间不一定存在雇佣关系，而更多的是一种松散的合约关系。进入这个生态组织后，会签署一份生态组织协议，或者遵循生态体系内的规则以及一些共同的市场规则、社会规则、法律规则、道德伦理等。生态体系内的企业会有竞争，但更多的是合作关系，为生态体系谋取更好的发展贡献自身的力量。

从组织用工的角度来看，传统的企业组织强调的是科层制组织，以权利为中心；平台型组织强调的是"蜂巢式"组织，以产品为中心；生态型组织强调的是"军团式"组织。"军团制"组织模式目的是对客户需求做出快速反应，这要求企业的人力资源部门除了雇用稳定的企业员工，还要建设一个人才生态圈，能够在企业有临时重大需求时获得临时的"雇佣兵"参与作战，利用生态组织的方式优化企业的快速反应能力。

从生态型合作伙伴的角度来看，生态型组织的重要成员包括与价值创造有关的合作伙伴，如 ERP 提供商、云提供商和集成商等。构建生态型组织要加强与合作伙伴之间的资源、能力和业务合作，构建优势互补、合作共赢的协作网络。ERP 提供商、云提供商和集成商等生态型组织的实体成员，也应从传统的技术供应商重新定位于生态合作伙伴商，寻求与合作伙伴共同创造商业机会和进行商业模式创新，让他们共同承担构建生态型组织的责任，从而强化整个价值网络。

对于国有企业数字化转型问题，建立生态型组织也需要对集团与成员单位的关系进行重新定位。如果说传统的集团企业是一种母子关系定位的话，那么生态型组织就应该是一种相互依存，共同繁衍的生态关系。生态型组织是基于信任合作，而传统母子公司则是基于股权控制形成合作，这是二者之间的本质差别。目前进行的国企改革，最终目标应该是生态型组织构建，只有具备新陈代谢功能的生态型企业才能实现供给侧结构性改革,同时处理掉"僵尸企业"。国企功能相对集中,反而可以构建基于某种功能的生态型组织,不同功能的国企构建不同的生态型组织,生态之间又可以形成有效的交互。随着国企改革的持续深入,行业内以及跨行业的兼并重组速度加快。集团企业天然具有一定的优势,通过建立生态系统,把重组企业纳入生态系统中,适度改变传统的母子公司格局,建立一种平等的角色关系,让所有重组企业找到各自的角色定位,能够在生态组织中发挥自身优势,并在生态组织内部形成良性价值循环。

(四)"一把手责任制"与数字化领导力

面对不断变化的经济和商业环境,企业比以往任何时候都更需要强有力的领导者。企业数字化转型成功与否很大程度上取决于企业高层管理者是否对数字化的重要性和紧迫感有正确的认知,以及是否具有执掌大局、引领企业数字化变革的能力。2020年9月,国资委发布《关于加快推进国有企业数字化转型工作的通知》,就推动国有企业数字化转型作出全面部署,更明确指出要实行"数字化转型一把手负责制",要求企业主要负责同志"高度重视、亲自研究、统筹部署",将"数字化转型一把手工程"纳入国企的工作重点。

"一把手工程"强调企业"一把手"在项目中的责任和作用,但传统的国有企业领导者多是短期导向、解决问题导向、任务导向的,而不是基于未来商业模式导向的,故不具备数字化转型所需要的"数字化领导力",也无法有效推动企业的数字化转型进程。相较于传统领导力,国企一把手想要成为数字化领导者的关键在于,是否拥有变革愿景、具有前瞻性思维、保持以变革为导向的心态(Kane et al.,2019),以及拥有基本的数字素养。

首先,数字化领导者的两个最关键的特征和能力是变革愿景与前瞻性思维。变革愿景与前瞻性思维之间有紧密的联系。变革愿景有助于领导者了解技术发展和商业趋势是如何演变的,前瞻性思维的能力让领导者能够引领企业应对这些趋势变化,两种特质对于推动企业数字化转型尤为重要。国有企业数字化转型需要对传统业务管理和生产模式进行颠覆性变革，这是一个全面而系统的变革过程，涉及从最高领导层到基层员工全体范围内的工作模式的转变。因此，数字化转型要推动实施，一把手需要从战略上敲定企业的数字化转型方案，并搭建领导组织，协调各方的资源，为数字化转型工作的稳步推进提供支持。同时对公司一切重大经营运作事项进行决策，包括制定数字化转型方案、数字化转型财务预算、数字化转型经营目标、数字化业务范围增减等，即在后台上对前台和中台进行长期的指导和管理。

其次，国企"一把手"必须要时刻保持以变革为导向的心态。数字化转型往往导致企业短期内的损失，较难在短期内看到效果，需要领导者承担变革责任、坚守变革初心，以远见和勇气直面转型过程中的困难。同时，企业数字化转型是一项涉及业务范围广、牵涉人员多、技术复杂多样的复杂工程，必然会触动内部相关人员权责和利益，改变员工的长期工作习惯及重构人员及部门之间的关系，在实际转型过程中必然遭受到前所未有的阻力，需要领导者具有强大的组织协调能力，促进线上线下融合、各部门积极配合，用行动推动转型落地，带动企业上下一致地向数字化转型目标迈进，解决执行人在推进数字化转型工作时遇到的困难，并把握、核实数字化转型的进度和效果，从而及时调整转型速度和方向。

最后，具备基本的数字素养也是数字化领导者的一项重要的特征和能力。数字素养至关重要的原因包括以下两点。一是，数字素养是变革愿景和前瞻性思维的重要支撑。没有数字知识的领导者将难以理解技术的发展变化和其对商业的影响，特别是难以洞察这些影响变化可能给企业带来的机会和威胁。数字化转型需要一把手根据市场变化趋势，制定明确、具有前瞻性的战略，果断敏捷地解决变革中遇到的问题。二是，具有基本的数字素养和对数字技术的了解，有助于企业领导者判断新技术可能（和不可能）给企业带来的价值,以及准确把握新技术进入成熟期的时机。

(五)基于OKR的绩效管理体系

数字化转型不仅是"一把手工程",更是涉及全员、全要素的创新活动,要充分激发基层创新活力,营造勇于、乐于、善于数字化转型的氛围,强化上下一盘棋。在数字化转型阶段,企业组织架构逐渐扁平化,决策流程呈现"短、平、快"的特征,故企业建立与之相适应的绩效管理体系势所必然。制定科学有效的绩效管理体系,是形成有效的激励机制的前提保障,也是充分挖掘员工的潜能,帮助企业更好地引进人才的制度基础。从传统的基于业绩指标的KPI(Key Performance Indication,关键业绩指标)考评体系转变为基于短期目标的OKR(Objective and Key Results,目标与关键结果)考评体系是一个可行之举。相较于KPI考评体系,OKR是一种更有效、更能发挥员工自主性和创造性的目标管理方法。总的来说,OKR是一种设定目标的方法,包含"O"(目标)和"KR"(关键结果)两部分,它的标准结构是O + KRs。其中,"O"回答的是"我想实现什么"的问题;"KRs"回答的是"如何实现目标/如何衡量目标是否完成"的问题。而KPI则只对应OKR模式中的"KR",即指标。具体来说,两者的主要差别具体表现在以下三个方面。

1. 框架理念不同

传统绩效管理模式基本遵循从目标制定、绩效执行、绩效评价和绩效沟通的"四部曲"。这套传统绩效管理"四部曲"环环相扣,始于目标制定,终于绩效沟通,上一步骤的输出是下一步骤的输入。也就是说,员工制定了一个目标之后,需要严格的、不打折扣地执行,然后在绩效评价时,需要评估员工当初制定的目标完成情况,据此对员工的绩效表现打分,然后就该绩效结果和员工进行沟通。而绩效结果将直接影响员工的升职、加薪等物质回报。这直接导致员工在设定工作目标时,会刻意压低自己所能达到的目标水平，不愿意设定有挑战的目标，然后在绩效评价时，又刻意地夸大自己的成果表现。绩效考核和强绩效应用的压力成了部门挑战的沉重包袱，压制了部门奋斗的热情。

在 OKR 模式下，绩效评价无须看当初目标的完成率，而只关注最终绩效贡献的比例。同时，目标完成情况仅用作改进，不用作奖励和惩罚。所以对于员工来说，OKR 方式是"发展导向"的，而传统绩效管理方式则是"评价导向"的。当公司是发展导向时，员工对负面评价意见会更加开放，更容易接受批评和意见，而如果公司是评价导向时，由于和利益休戚相关，员工必然会以封闭的心态去看待主管的评价意见。所以针对处于数字化转型阶段的国有企业，实行员工发展导向的 OKR 绩效管理框架可以更充分地激发基层创新活力，营造勇于、乐于、善于数字化转型的氛围，强化上下一盘棋。

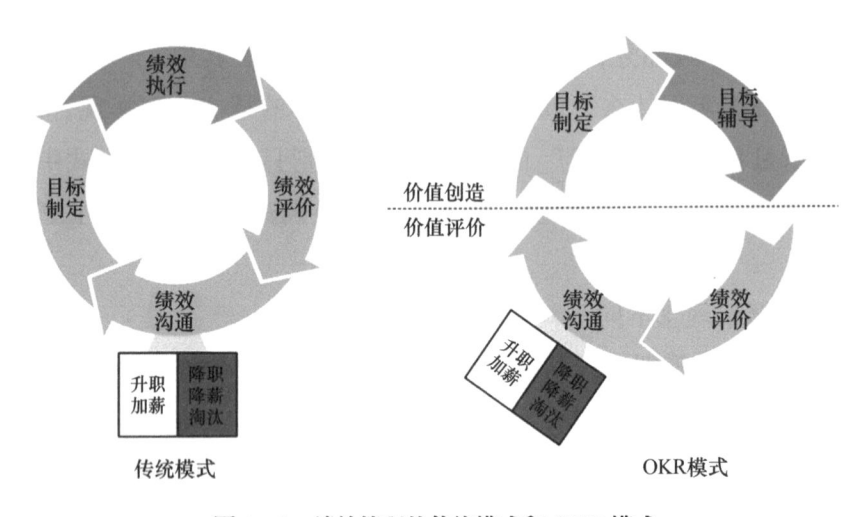

图 4-3 绩效管理的传统模式和 OKR 模式

2. 目标制定方式不同

传统绩效管理方法在制定目标时，更多地强调目标需要自上而下层层分解，这将目标制定完全交由高层领导思考，而基层员工没有制定目标的权利，只能按照高层的指示去完成。而 OKR 更强调自下而上的目标制定，即让员工充分发挥其主动性，帮助组织一起寻找突破方向，制定组织 OKR，然后再思考自己能为这个组织目标达成做些什么，制定个人 OKR。在从组织目标制定到个人目标制定的整个过程中，员工都要充分参与。员工不是仅仅被告知组织目标，而是在一起"打造"属于他们共同的组织的未来。这能增强员工对组织目标和个人目标的承诺感，从"要我做"变成"我要做"，从"被动执行"变成"主动参与"。

3. 目标公开方式不同

传统绩效管理假定，目标仅是上级和下属之间的约定和承诺，因此目标只在主管和员工之间双方可见。但 OKR 则全然不同，员工制定的 OKR，默认情况下是全公司可见的。公司内任何一个员工，都可以随时查阅其他成员的 OKR。

首先，传统绩效管理模式下，目标是封闭的，员工无法便捷地看到其他相关同事的目标，而 OKR 模式下，目标是开放的。这种全员可见的方式，能更好地增进团队成员之间的相互了解，从而促进协同。

其次，传统绩效管理模式下，信息是自上而下单向流动的，主管能看到下属的目标，但通常下属无法看到主管的目标。这种设计更像是为了达成某种监控目的，主管可以随时跟踪下属的目标完成情况，并据此作为考核下属的指挥棒。员工被框定在具体的任务执行上，像一台大机器上的小螺丝，自己却并不了解自身工作对组织的价值和意义。当 OKR 默认公开全员的目标后，员工除了可以横向看到自己同事的目标，还能看到更上层组织的目标。一方面，员工能清晰地感知到自己的工作对组织的价值；另一方面，这打开了员工的目标视野，对那些主动性和积极性比较高的员工而言，在完成本职工作之后，他们可以思考如何更好地为更上层组织做出更大贡献。

传统模式　　　　　　　　　　OKR模式

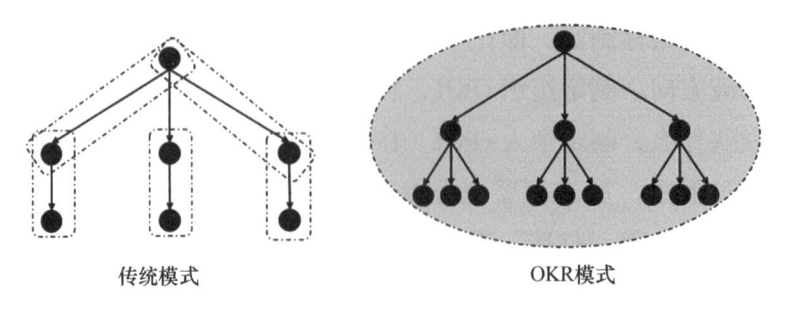

图4-4　不同绩效管理模式下的目标公开方式

(六) 数字化文化

数字化文化是企业数字化转型的"土壤"。没有数字化文化，就不能算作真正的数字化转型。数字化转型不只是组织的技术转型，更是企业文化重塑的过程。数字化转型中，人的因素最为关键，最终体现在思维和文化的变革。如果传统企业的文化不做改变，数字化转型会被原有惯性拉回既定的轨道。只有对企业底层的企业文化进行变革，营造良好的数字化转型氛围，才能使组织从根本上实现数字化转型。

数字文化的第一个要素是数据思维。数字化时代，数据连接一切、数据驱动一切、数据重塑一切，数据是企业数字化转型的核心要素。因此，数据思维是数字化文化的核心，是每一个数字化转型企业必须要努力培养起来的新型文化。数据思维的内涵很丰富，主要包括数据决策思维和数据共享思维。数据决策思维就是通过数据改变传统经验驱动的思维模式，一切用数据思考、用数据说话、用数据管理、用数据决策，避免单纯地依赖直觉和经验进行决策。为此，领导者要身体力行，相信数据的价值和力量，把数据分析、数据决策视为一种基本的工作能力。打造基于数据解决业务问题的文化氛围，搭建数据治理、数据资产管理、数据使用的流程体系，让更多员工能够自主地、自由地进行数据分析，培养其使用数据解决业务问题的意识，提升数据敏感性。传统企业组织架构下的企业文化氛围大多是各自为战，数据共享并没有在思想层面形成广泛的认知。如果数据没有充分的共享，业务上就会出现断点，就不能发挥数据的价值，大大阻碍数字化转型的进程。因此，要建立数据共享思维，通过搭建数据平台，建立数据共享机制，促进组织内数据的融通，打破数据孤岛，为数字化转型奠定基础。鼓励内部各部门之间拆除壁垒、横向合作，也要加大与外部的跨界合作，提高与外部网络（如第三方供应商）的数据共享程度。

数字文化的第二个要素是用户共创。在数字经济时代，传统以产品为中心的价值链正在演变成以用户为中心的价值网，一切产业板块与企业管理都围绕消费者展开。以用户为中心、用户至上的理念在几十年前就被提出，也被诸多公司列为企业的核心文化之一，但数字化时代赋予了这一理念更深层次的意义。在过去，传统企业倡导的用户至上是要一切听从用户、用户就是"上帝"，企业是被动的。但数字化转型过程中，企业"用户至上"的理念更强调深层次地挖掘用户的个性化需求，创新生产和服务方式，优化业务流程，提升用户体验，与用户价值共创、共同成长，与用户的关系是平等的、共生的。

数字文化的第三个要素是协同共赢。传统行业数字化转型容易失败的一个重要原因在于跨部门协同困难。数字化转型是涉及各个环节、各个业务部门的系统性变革，要求组织各部门之间拥有更强的协同能力。数字化转型的成功源自跨部门、跨单位、跨职能的集体努力和知识共享。因此，企业应在内部营造协同与合作的文化氛围，打通"部门墙"。可以通过动态的业务模式革新（"蜂巢"式组织）加强跨部门的利益一致性和交往密切性，加强协同合作。除了内部倡导协同文化，企业还需打造开放共赢的文化，要从原先封闭的边界思维转向开放的破界融合思维，与外部消费者、供应商等实现价值共创。鼓励员工积极开展外部合作，与合作伙伴共同建立数字化解决方案，让企业能够参与到更广泛的生态系统中。在数字化系统建设上，企业自主完成全部系统建设非常困难，以生态方式构建数字化系统，可以吸引多类型厂商协同联动、优势互补。

数字文化的第四个要素是创新容错。在《2020年中国数字企业白皮书》中发现，创新文化不足逐渐成为企业数字化转型的重要障碍。数字化转型是一个极具个性化的变革项目，没有一个统一的、共性的方法论来指导所有企业数字化转型，不同行业、不同企业差异较大，每个企业都需要探索适合自己的数字化转型路径。同时，数字化转型的目的不仅仅是降本增效、改进流程，更重要的是帮助企业突破既有的边界，带来全新的价值点。那么，就需要崇尚创新、支持冒险和颠覆性思维的文化氛围。但是，创新必然伴随风险，创新路上最大阻碍不是资源不足而是得不到支持和包容。因此，鼓励创新必然意味着要容忍试错和失败。

第二节 领导者与国有企业数字化转型

一 国企数字化转型的"一把手负责制"

2020年9月，国资委发布《关于加快推进国有企业数字化转型工作的通知》，就推动国有企业数字化转型作出全面部署，明确指出要实行"数字化转型一把手负责制"，要求企业主要负责同志"高度重视、亲自研究、统筹部署"，将"数字化转型一把手工程"纳入国企的工作重点；为了加强动态跟踪和闭环管控，上海国资委在宏观战略层面明确转型的主要方向、建设目标和重点任务，并分解目标任务纳入企业年度工作计划，与国有企业一把手签订《创新使命责任书》，就数字化转型开展对企业领导人员的任期考核（胡洁菲，2021）；国资委网站也开辟"一把手谈数字化转型"专栏，至今共有50家央企及地方国企一把手发文讲述企业开展数字化转型的推进思路与实践情况。

"一把手工程"强调企业"一把手"在项目中的责任和作用。

企业要成功开展数字化转型,对领导者的需求突出体现在:第一,数字化转型往往导致企业短期内的损失,较难在短期内看到效果,需要领导者承担变革责任、坚守变革初心,以远见和勇气直面转型过程中的困难;第二,数字化转型是企业整体战略的重要组成,是一项具有复杂性与创新性的系统工程,没有明确终点且失败率极高,需要领导者从全局视角深入思考,基于针对企业内外环境的洞察作出正确决策;第三,数字化转型涉及业务范围广、牵涉人员多、技术复杂多样,需要领导者具有强大的组织协调能力,促进线上线下融合、各部门积极配合,用行动推动转型落地。

由此,国企数字化转型是需要领导者自上而下推动的"一把手工程"。那么,领导者具体如何推动国企数字化转型?在发挥影响的过程中存在什么挑战,又该如何应对?

二 领导者推动国企数字化转型的案例分析

在国有企业数字化转型的浪潮中,已有诸多领导者展现出了非凡的领导力,推动企业取得一项项里程碑意义的转型成果。本书选取徐工集团、潍柴动力、振华重工三家国有企业的案例展开分析,探究领导者在国有企业中推动数字化转型的要点。

(一)徐工集团董事长王民:坚定意志、学习感知、不遗余力

王民现任徐州工程机械集团有限公司董事长,在他的操盘推动下,徐工集团仅用10年就走过国外巨头50年的升级转型之路,取得数十倍年销售额增长的卓越成绩(顾建党等,2020)。在推动徐工集团数字化转型的过程中,王民做到了以下三点。第一,拥有坚定的转型意志。早在2009年的徐工信息化启动大会上,王民就指出"不换思想就换人",要求各级一把手像抓研发、生产、销售一样抓转型;他将自己的坚定意志转变形成徐工上下的战略共识,即"工业互联网是集团走向高质量发展的重要加速器"。第二,主动学习并敏锐感知。王民经常向专家询问数字化转型相关专业问题与新

技术的发展情况，将数字化趋势与徐工集团的商业实践相联系，敏锐感知集团借助数字化转型来寻求"弯道超车"的机会，引领高管们在认知方面不断迭代。第三，不遗余力推动转型工作落地。王民认为"不投入资源开展数字化转型，未来的竞争市场中将没有徐工"，在他的大力推动下，徐工集团上下积极落实数字化战略，建设平台，实现与合作伙伴的资源共享，成立徐工信息（江苏徐工信息技术股份有限公司）来留住和激励高端人才，逐步打造出徐工集团的黄金产业链和生态圈。

（二）潍柴集团董事长谭旭光：忧患意识、全面布局、重视人才

谭旭光现任潍柴集团董事长，他坚守在国企改革发展一线且时有惊人之举，人称"谭大胆"、自称"斗牛士"，带领有着70余年历史的老国企，闯出一条独特的转型发展道路。总结而言，谭旭光在推动潍柴集团数字化转型的过程中，做到了以下重要的三点。第一，常怀忧患意识。面对云计算、5G、大数据、人工智能等新一代信息技术带来的变革浪潮，谭旭光经常讲的两句话是："不改变就灭亡""我们离被颠覆还有多远？"，正是这样的忧患意识让他始终保持清醒的斗志，拥有变革突破的激情。第二，深度思考布局。谭旭光针对潍柴集团从传统制造模式向数字化模式的转型有深度的思考和布局，2020年年初，谭旭光在中国新冠疫情形势严峻的背景下，明确提出了"谭式转型魔方"，指引潍柴集团在大变局下坚定且有方向感地开展数字化转型。第三，敢于出资引入和激励人才。谭旭光深知人才对于企业创新转型的重要意义，坚持每年将近千名优秀技术人才引入集团，深入国际人才市场亲自面试科研人才，也在制度、待遇、文化、考核等多维度充分激发人才的创新活力。

（三）振华重工董事长朱连宇：高度关切、系统思考、架构保障

朱连宇在2017年至2021年任振华重工集团董事长，为集团的转

型发展带来新思路、挖掘新优势,切实推动了集团的数字化转型变革。在整个过程中,他突出做到的要点包括以下三点。第一,对转型高度重视。朱连宇多次参与集团数字化建设的筹备会,强调要充分认识数字化转型的必要性、紧迫性,要求集团上下按照数字化转型的顶层规划持续推进。第二,系统思考转型路径。朱连宇认为,企业的数字化转型是一项系统工程,而不是简单的数字基础设施与软硬件的部署,要求振华重工集团在进行转型的过程中,重视外部引进与自主研发的结合、长远目标与阶段目标的结合。第三,以机制与架构确保变革实现。朱连宇在集团内成立标准化与信息化管理部来领导转型,以两化融合机制撬动业务部门的配合,同时优化管理流程、完善制度体系,有效调动全员积极性,确保数字化变革的落地实现。

总的来看,徐工集团、潍柴集团和振华重工集团的领导者都在推动企业数字化转型过程中表现出了坚定的态度,他们基于对企业业务的理解与对数字化的认知来做出集团数字化转型的顶层设计,并以契合企业所处行业特点和企业发展阶段的方式,从人才、组织架构、行业生态等不同方面大力投入,真正推动企业数字化转型的成功落地。

三 领导者推动国企数字化转型的理论分析

综合以上国企实践案例及过往相关研究成果分析,本书认为,统筹推动国企数字化转型,领导者能够从以下三个维度发挥出积极的影响作用。

(一) 坚定目标

国有企业同时肩负经济、政治与社会责任,在产业链中多处于"链主"地位,需要国企领导着力推动高质量转型,才能真正为国家产业发展助力。企业领导者对数字化转型的重要性与紧迫性的认知很大程度上决定了企业转型的成功与否(方跃,2020)。领导者在企业中拥有强大的权力和威望，能够影响其他人对转型的重视程度、态度和信心，克服组织内的转型惰性。只有领导者首先坚定转型的决心、树立明确的目标，其他人才可能相信企业的转型是势在必行的，从抵制、观望转变成跟随甚至倡导的状态，更有动力去完善数字化相关知识技能，对组织转型给予更多力量支持。

（二）系统规划

外部环境变化剧烈，而数字化转型并没有标准答案可参考，同时，国有企业的市场敏感度相对较低，容易为传统管理理念与体制机制所束缚（刘明月，2021），以至于故步自封。由此，在坚定转型变革的目标后，领导者应开阔市场化视野，从企业顶层视角系统规划出数字化转型路径，并以此作为企业全体员工一同实现成功转型的基础依循。研究表明，领导者数字素养的高低直接决定了企业能否在战略层面理解和应用新技术（段柯，2020），他们通过不断学习来掌握新技术的功能和特性，系统思考和重组企业的关键要素，将看似无关联的数据充分连接（邱晓昀，2021），依托大数据等技术来创新提升商业模式的效率和效果（谢卫红等，2018），从而带领团队确认出清晰的数字化转型路径规划（温晗秋子，2021），并且保持不断调整迭代的敏感度。

（三）战略执行

在坚定目标与系统规划的指引下，领导者对数字化转型系列工作的推动执行也发挥着至关重要的作用，要依靠身先士卒、脚踏实地的执行能力（陈雪频，2021），才能真正把转型愿景转变为高质量发展的经营结果。一方面，国有企业体量较大、组织架构较为复杂，转型过程中更容易出现部门间的利益协调难题，而领导者掌握着组织内资源投入和分配的裁定权，能够在转型过程中协调各部门间的关系、整合统一利益诉求、消除信息孤岛，从而克服转型中可能出现的困难，提升组织的变革协同力（唐超，2021）；另一方面，对人才的培养力决定着转型目标的实现质量与效率（蔡聪裕，

2021），领导者可以战略性地招募、培养和激励数字化人才，通过充分赋能来释放人才的潜能（韩丽、程云喜，2021），通过人才的力量来落实转型变革。

四　领导者推动国企数字化转型的挑战分析

在实际领导企业开展数字化转型的过程中，国有企业的领导者们仍面临诸多困难，本书总结了以下三个重要挑战。

（一）个人认知与长期规划定力

面对数字化转型的复杂艰巨挑战，国企领导者往往并不天然具有深入的认知水平与系统规划能力，对转型长期性的认识还有待加深，对转型过程中组织的变革、内部问题的解决也有待加强，而这些对于成功领导国企进行数字化转型都有至关重要的影响。

（二）基层员工的理解与响应度

虽然国有企业的领导者自上而下地努力推动数字化转型，但转型的成败取决于基层员工的执行情况。基层员工往往欠缺对数字技术的深入理解，同时不明白如何将数字技术与企业日常生产经营结合，在这样的情况下，领导者能否将个人对数字化的认知、对转型图景的想象、对转型路径的规划转变为企业全体员工可理解的共识，并且以合适的机制调动全体员工的积极性，是一个关键的挑战，决定了企业整体能否形成转型的合力。

（三）其他领导的意愿与配合度

国有企业"一把手"往往对数字化转型抱有很高的期望，但企业内其他高层或中层领导可能存在压力大、信心及意愿不足的情况。一方面，国有企业的数字化转型尤为复杂，其他领导在承担责任具体推动实施的过程中，容易面临思路不清晰、缺少抓手、协同困难等问题；另一方面，当企业将业务流程推向数字化、透明化，也可能会引起企业内部分领导的不安全感，进而影响他们的意愿与配合程度，成为国企数字化转型过程中的变革阻力。

五 有关领导者推动国企数字化转型的建议

（一）优化领导者的选拔培育机制

国有企业的数字化转型对领导者的意识、能力、行动等各方面均提出了更高的综合性要求，这意味着需要以更加合理有效的机制来选拔培育出恰当的领导者来带领转型。具体而言，要按照企业发展转型的需求来选拔人才，坚持实际业绩导向的晋升竞争，而非论资排辈（宋军，2019）；要真正识才之智、用人所长，在数字化转型的变革中，大胆起用和培养更多具备长远目标与大格局的创新型人才（马磊，2021）。

（二）要敢于试错但不可操之过急

国有企业领导者要从心态上主动拥抱数字化变革，积极学习国内外先进企业的转型思路，并且勇于结合自身情况开展转型实践，与数字科技企业开展创新合作，不断积累在理论认知与实践探索方面的宝贵经验。与此同时，不能为了短期内取得漂亮的转型业绩而操之过急，而要深刻认识到转型的长期性，在转型过程中统筹兼顾安全与效率问题，承担好经济责任、政治责任与社会责任，做到根据客观情况动态调整、稳中有进。

（三）在国企内部塑造转型的意识

要在整个企业推动形成数字化转型的合力，领导者可以加强数字化转型相关培训、推广企业内的典型案例，让全体员工有机会深入了解数字化，进而引导他们根据自身工作特点，提出实际且科学的数字化转型需求。同时，也可以从组织保障、资源支持、协同问题解决、容错机制设置等方面出发，为员工打消在开展数字化转型相关工作过程中的后顾之忧。

（四）驱动其他领导成为转型先锋

在不断进行自我认知革新、大力推动数字化转型落地的同时，国有企业领导者也应该注重驱动企业内的其他领导成为转型先锋。

具体而言，应该充分发挥每一位领导的长处，为他们提供提升数字素养的学习平台，以及在数字化的环境中实现职业进阶发展的机会，帮助他们成长为面向未来的数字化领导者，为企业的长远发展起到更重要的支撑作用。

第三节 国企数字化转型与企业内部人才结构

德勤中国发布的《国企数字化转型全面提质增效》显示，72%的中央国企和57%的地方国企已启动数字化转型。然而，大部分国企目前的工作聚焦于提高内部管理效率、降低成本，组织和人才方面的数字化转型探究仍不够深入，仅38%的企业注意到人才对数字化转型的必要性，开始保留和培养数字化人才。

全面有效的数字化转型要求企业将数字科技与生产发展深度融合，实现人、物、场和流程的数据化，在持续积累与高效利用数据的基础上实现企业流程、企业组织、研发生产、商业模式等革新的微观转变（肖静华，2020）。

研究数字化转型与国有企业人才结构的关系，有助于增强国有经济竞争力、创新力、控制力、影响力、抗风险能力，做强做优做大国有资本，使国有企业真正成为建设数字中国、壮大国民经济的重要支柱和最可信赖的依靠力量。

一 企业改善人才结构的意义

（一）人才是企业发展的基础，人才队伍建设是国有企业深化改革的重点工作之一

人才指的是具有较高的内在素质，能够通过自身创造性的劳动为企业和社会做出贡献的人。2016年，中共中央印发了《关于深化人才发展体制机制改革的意见》，要求破除束缚人才发展的思想

观念和体制机制障碍，解放和增强人才活力，形成具有国际竞争力的人才制度优势，为实现"两个一百年"奋斗目标提供有力的人才支撑。

2018年和2019年中共中央办公厅、国务院办公厅相继印发《关于分类推进人才评价机制改革的指导意见》《关于促进劳动力和人才社会性流动体制机制改革的意见》，要求树立以人为本的人才工作观念，着眼于调动各类人才的积极性、主动性和创造性，健全人才评价体系，建立新型人才队伍，实施"人才强企"战略。

（二）优化人才结构是提升企业运营效率的推动因素

丁荣贵等（2005）认为，在知识经济时代，知识工作者的专业分工和能力整合才能全面提高企业效率。Miltiadis D. 等（2010）研究中小企业的数据发现，ICT技术与人力资本的结合能有效提高企业效率。一方面，高素质管理人才的增加有利于企业优化顶层设计，保持企业战略目标的清晰和正确，从大框架上把握企业发展脉络，提高资源配置效率；技术人才和专业人才的增加有利于企业的业务扩张和创新，不断提高产品质量，优化业务流程，提高用户体验，帮助企业扩大产能和开拓市场、留存用户；另一方面，更合理的人才评价体系、更公平的考核与激励方式，有利于激发各类人才活力，鼓励人才充分发挥自身积极作用，提高人才的积极性、主动性和创造性，从而提高企业整体运转效率。

（三）优化人才结构是降低企业成本的内在要求

一方面，国有企业为了更好地培养人才，在招聘后通常会投入大量资源对新员工进行培训，但存在科技和经营管理人才流失问题，加大了企业管理难度，造成大量的资源浪费和无法收回的成本。如果能对一定时期内人才数量、素质、成本以及各类人才结构的现状进行分析与供求预测，有利于实现人力资源的动态平衡，大大降低企业的人力资源成本。另一方面，高水平人才往往工作效率较高，优化人才结构能够在员工内部形成竞争效应，高水平人才能起到带头作用，减少所有员工的效率损失，也能够减少不必要的人员、岗位配置，节约人力支出成本。此外，优化人才结构，提高整体员工素质，能减少低效沟通和犯错概率，从而降低沟通成本和犯错成本。

（四）优化人才结构是推动企业创新的必要条件

人是创新的主体，也是企业创新的活力来源。从创新能力来看，优化人才结构，提高技术人才和技能人才占比，一方面确实能提升企业技术能力和创新能力；另一方面能通过企业内部的知识流动，产生知识外溢效应，提高全体员工的知识和创新能力。从创新意愿来看，研究结论表明，当员工收入不受公司绩效影响时，员工承担风险和创新的意愿较低，反之，当员工收入与公司绩效密切关联时，员工承担风险的意愿更高，也更愿意提出创新性的理念或者执行技术革新（Cheng and Warfield，2005；Chang 等，2015）。企业优化人才结构，对高水平人才提供"基础工资+绩效奖励"的薪酬激励模式，鼓励高水平人才多劳多得，使员工与企业的目标一致化，能有效提高员工创新意愿，充分发挥人才创新作用。

二 国有企业当前人才结构缺陷

人才体制机制改革是国有企业改革的重要环节，人才队伍建设是事关国有企业长远发展的关键工作。之前，国有企业由于工作稳定、待遇较好、社会地位较高等原因，在人才吸引、选拔、培养和使用上具备许多优势，但随着中国市场经济的发展和非公有制经济的壮大，民营和外资企业的经营机制和人才培养机制不断优化，导致其人才吸引力已经赶上甚至超越国有企业。国有企业在人才队伍建设上开始暴露出一些问题，人才结构调整跟不上时代发展的步伐或企业自身的战略发展需求，成为阻碍国有企业做强做优做大的因素。

（一）老龄化现象严重，人才年龄结构不合理

大部分国有企业由于组建时间较早，现已发展到成熟期，存在

岗位满员、空缺岗位少、人员晋升困难的现象，加之国有企业较少裁员，大部分只有根据年龄自然减员，造成员工年龄老化，结构失衡等问题，且老龄化问题在领导干部中尤为严重。中国石油西南油气田公司常务副书记赵厚川（2021）在文章中指出，该公司现有处科两级领导干部近 3000 人，处级干部平均年龄 48.9 岁，科级干部平均年龄 45.2 岁，整体年龄偏大，没有形成良好的老、中、青批次配对。40 岁及以下的处级干部仅占总数的 6.4%，38% 的处级干部的年龄集中在 50—53 岁，年轻干部数量较少，缺乏新鲜血液输入，导致企业内部缺乏创新和活力，员工思维僵化。同时，老龄化现象还导致员工普遍求稳，缺乏拼搏意识、竞争意识和危机意识，阻碍新产品研发、新方法应用、新业务发展和新市场开拓。

（二）员工能力与企业战略目标不匹配，人才能力结构不合理

随着中国式现代化建设的发展，国有企业需要对过去简单的生产流程进行优化升级，向机械化、科技化、智能化方向发展，这要求企业人才结构同步进行调整，提高科学技术人才的占比。然而部分国企并没有及时将企业内部的用人计划和人才结构进行同步改革，导致企业内部技能和技术人才较少，员工能力与岗位要求不匹配，当前的人员队伍不能助力企业战略目标的达成和企业转型升级创新发展的需要。以国有铁路企业为例，在技术岗位上多为单一技术人员，缺乏复合型技术人才，在企业内部高新技术人才较少，导致许多先进设备的功能无法发挥作用，更谈不上生产流程优化和产品创新；初级技工较多，高级技工较少，不能满足实际工作创新需求（贾玲，2015）。此外，在数字化大背景下，企业普遍缺乏能将技术与管理相结合的专业数字化人才，将造成企业的数字化效果不佳，数字化进程停滞甚至中断。

（三）考核机制"平均化"，人才薪酬结构不合理

由于历史原因和国有性质，为了维护"内部稳定"，许多国有企业薪酬机制习惯采取平均主义，缺乏现代绩效考核管理理念和机

制方法，难以对员工的实际业绩水平进行精准考核。考核方式不透明，论资排辈、裙带关系严重，即使制定了考核机制，在实际考核过程中也存在诸多不规范之处，导致很多岗位工资相差不大，一些辅助服务岗位的工资相对市场水平偏高，但一些核心技术岗位的工资待遇相对偏低，造成人才工作动力的降低，积极性不高（贾玲，2015）。以国有煤炭企业为例，多年来，其管理办法趋于单一，没能深化绩效管理，只是简单地对安全和生产作为工程的两个重要板块进行重点考核，只要不出现生产质量与安全问题，员工的绩效考核基本能达到合格标准（刘强，2020）。这种过于简单的考核方式本质上仍是追求"平均化"的产物，没有根据贡献程度体现薪酬分配差异，无法衡量人才的有效绩效，也就难以调动人才的工作自主性和积极性。

（四）缺乏激励和发展空间，高层次人才流失率高

根据北京市对工业系统 150 户大中型国有企业的调查发现，企业 1982 年以后引进大学学历以上人员的流失率高达 64%，大多数人才流入了外资和合资企业（高峰，2002）。国有铁路企业在人才流失方面，也主要是高技术、高职位的人才流动性较高（贾玲，2015）。一方面，国有企业"平均化"的薪酬机制缺乏对人才的有效激励。由于国有企业编制较少，许多引进的高水平人才拿不到正规的编制名额，虽然承担了难度更大的工作，但待遇与编制内的员工相差甚远，导致人才跳槽到其他薪资水平更具竞争力的企业。另一方面，国有企业缺乏对核心人才的长期能力培养。许多国有企业由于很早进入市场抢占先机，加上国家的支持，往往居于市场垄断地位，员工工作较稳定，内容挑战小，人才难以得到足够的锻炼和发展空间。部分企业把培训人才当作政治任务，热情不高，缺乏先进有效的培训方法（侣海宁，2016），影响培训质量，人才能力得不到提高。加之国企岗位间的人才流动较少，多年在同一个岗位工作，限制了人才的知识面和专业水平。人才在企业内部没有得到足

够的重视和培养，自然造成了关键岗位人员流失严重，企业出现人才断档现象，核心竞争力降低，人力资源成本支出增加。

三　数字化与人才结构

（一）数字化转型对人才结构的影响

1. 数字技术复杂性强、更新速度快，国有企业人才高学历化

数字化的基础是数字技术，特别是 ICT 技术的发展和应用，而 ICT 技术的复杂性和专业性较强，对劳动者的理论知识基础有一定的要求，使能够胜任 ICT 工作的数字化人才的成长离不开系统的专业的培养。高学历人才经过多年的教育经历和技术浸润，能够较好地掌握和运用相关的数字技术，能够胜任需要数字化能力的新岗位，如平台开发设计师、大数据模型构建师等。同时，数字化转型代表着全新的商业模式、业务流程、产品结构、企业文化，且技能更新和变化的速度加快，要求员工能够快速适应技术和环境的变化，具备自我更新的思维和能力。而高学历人才的学习能力较强，能够应对数字化带来的创新和变化挑战。以建设银行为例，作为大型传统国有银行，建设银行对数字化嗅觉灵敏，早在 2010 年就提出了"综合性、多功能、集约化、创新型、智慧型"的业务转型战略，开启了国有银行数字化转型历程。近年来，在业务创新和调整的需求下，建行的人才学历结构不断优化，2015—2020 年，其大学本科以上学历人才占总体比重从 62.7% 增长到 72.07%，提高了近 10%。

2. 数字化人才缺口加剧，国有企业人才能力复合化

数字化转型的本质是将数字技术与企业的生产、经营、管理过程相结合，实现流程优化和效率提升，所有环节都离不开专业的设计者和执行者。数字化人才并非只是技术上的专家，企业真正需求的是能兼顾技术、生产与管理的复合型人才，但这类人才目前较为稀缺，人才缺口日益加剧。根据国家工业信息安全发展研究中心发

布的《2020人工智能与制造业融合发展白皮书》，目前中国人工智能人才缺口达30万，同时掌握"人工智能+制造"的复合型人才尤其稀缺。国有企业除在招聘时偏好拥有复合教育背景的人才，在内部也广泛开展数字化转型发展专题培训，不断拓宽企业各方面人才的数字化眼界视野，提高其数字化素养，打造既懂自身需求又具备推动企业数字化项目的复合型人才团队。2020年12月5日，广东省交通集团有限公司举办了"数据生产力论坛暨讲座培训"，邀请了西南交通大学、阿里巴巴、金蝶公司的多位业界、学界专家进行分享，以加强集团人才对数字经济与新基建、交通大数据等行业发展的思考与预判。

3. 提高程序性业务效率，国有企业部门人才结构调整

数字化转型是事关企业组织、研发生产、商业模式的企业运作全流程再造，需要所有部门的配合和参与，因此也不可避免地造成不同部门人员的调整和重新分配。数字化转型前，部分国有企业采用传统的管理和生产方式，使内部存在大量从事流程化、程序性工作的人员，导致国有企业人员冗杂，管理成本高昂。但通过数据挖掘对价值链条中的低效环节进行改善优化后，可以有效提高企业的业务流程、决策审批、业务沟通等程序性业务效率，甚至脱离人工操作，降低人工成本和人工失误造成的信息误差（肖旭、戚聿东，2019）。由此，部门人才结构将产生变化，创新性业务人员占比提高，程序性业务人员占比降低。A股上市国有企业的数据显示，相较于未进行数字化转型的国有企业，数字化转型后的企业部门人员结构中，技术人员占总体比重明显提高，生产人员和销售人员占总体比重明显下降。在削减了程序性业务部门人员后，将其分配到工作更复杂、更不可替代的部门，有利于释放人才潜能，提高工作效率，增加企业灵活性和抗风险能力。

（二）技术对劳动的双面影响：创造和替代

数字技术及其带来的社会变革被认为是继信息化时代之后的第

四次工业革命，包括人工智能、物联网、5G、云计算、区块链、大数据等智能科技推动人类社会进入智能化时代，并通过扩大总量、提高质量和创新模式来创造就业。

1. 新业态、新产业创造了新岗位和新职业，扩大就业总量

国有企业数字化转型过程中需要大量的数字化人才，必将提供众多新岗位。从宏观看，数字经济发展带来就业规模扩大。根据中国信息通信研究院测算数据，2018年中国数字经济领域就业岗位达到1.91亿个，占全年就业总人数的24.6%。2019年和2020年，中国人力资源和社会保障部先后发布了3批共38种新职业，与数字经济相关的职业占比过半，其中包括区块链工程技术人员、直播销售员、在线学习服务师等。从微观看，众多国有企业为了实践企业数字化转型战略，设立数字化中心，广纳贤才。如招商局集团多次招聘架构管理岗、数据管理岗、数据应用岗，甚至公开招聘副首席数字官，为企业补充新鲜的数字化血液。

2. 大数据和智能算法优化就业匹配效率，提升就业能力，提高就业质量

一方面，互联网使劳动者能够不受时空限制地浏览更多就业信息，智能算法等数字技术降低了搜寻成本，提高了就业市场上的匹配效率（Goldfarb and Tucker, 2019），使劳动者能以更少的时间成本找到更满意的工作。数字化转型以来，国有企业不断优化招聘系统和程序，招聘过程也更加透明，大数据技术使招聘双方能获得更多的信息，减少了交易中的验证成本，降低信息不对称程度，从而优化就业匹配效率。另一方面，各地围绕职业培训、高等教育、终身教育等细分领域积极探索布局在线教育新模式，借助互联网，劳动者可通过在线教育等方式不断学习技能，提高自身就业能力，有助于其获得更好的职业机会和增加劳动收入。

3. 平台经济、零工经济兴起，创新就业模式

随着平台等互联网新业态的发展，特别是在疫情之后，零工经

济成为适应数字经济时代人力资源的新型分配方式。零工模式无固定的契约雇佣关系，工作时间灵活。对劳动者来说，零工模式满足了灵活就业的需求，他们可以更好地兼顾工作和家庭，同时增加了获得收入的渠道。对企业而言，灵活用工可以为企业提供弹性用工，节省工资成本，满足企业短期项目用人需求。特别的，对于国有企业，灵活用工可以较好地解决国企人员编制限制的困难，在无须增加员工编制的基础上，就能招募到合适的专业技能人才，解决用人需求。

4. 尽管数字技术创造了新的就业机会，但也存在对劳动的替代效应

生产数字化、智能化的趋势将导致直接从事劳动生产的人数减少（张新春、董长瑞，2019）。特别是技术对劳动力存在筛选，高技能劳动力在数字时代受到追捧，而低技能劳动力遭到取代（尹振宇、吴传琦，2019；戚聿东等，2020；程旭、睢党臣，2021）。劳动替代主要出现在标准化、程序性的事务和工作中，如流水线上的装配分类拆卸、传统农业中的灌溉收成、后勤服务的统计记录等，这些工作不需要较高的职业技能，且多重复、少创新，能轻易地被人工智能和机器取代。例如，顺丰速运运用全自动化分拣设备，能在 1 小时内处理 7.1 万件货物，完成 150 人的工作量，可见数字化转型大大减少了人力成本，在为企业创造利润的同时也挤出了大量劳动力就业。

因此，国有企业数字化转型可能带来短期内的人才结构不匹配问题，需要企业做好思想准备，提前部署。一方面，企业需要的是高层次、实用型、复合型的人才，而在转型前企业内部的人才储备可能无法满足需要。以传统银行业国企为例，数字化转型需要一大批懂得平台设计、模型构建、数据分析的专业人才，然而在数字化转型前，大部分银行的员工主要为财经类专业的高校毕业生，具备扎实的金融知识却没有经过计算机编程、互联网建模、数据挖掘等

课程学习,对于数字化专业知识缺乏了解,造成现有的人才存量与需求不匹配。另一方面,数字化高技能人才培养存在滞后,易与企业数字化战略和技术发展脱节。人力资本投资需要时间,特别是高技能人才的培养,往往需要完整的学校高等教育加上职业教育的配合,而且花费不菲,这就需要国有企业具备培养人才的决心和实际投入。然而数字技术发展日新月异,数字化战略实施刻不容缓,人才的缺乏有如战场上弹药紧缺,显得尤为急迫。因此,国有企业应当积极应对人才结构错配问题,充分发挥自身资源优势,做好思想准备,提前进行部署,及时调整人才结构,改善人才环境,为数字化转型及时补充"弹药"。

四 数字化转型影响人才结构的具体路径

(一)组织架构平台化,赋权各层级人才

传统国有企业采取的多层级、封闭的组织结构过度依赖于集团总部的中央管控,缺乏灵活应变的管理机制(戚聿东、肖旭,2020),人才被束缚在僵硬的体制中,其声音难以通过层层传递被管理层听见,也难以利用数据、信息快速地转化为经营决策,不利于企业提升市场竞争力。数字化转型需要企业内部大量的数据和信息快速传递,扁平化的组织结构有利于将决策权力分散给各层级人才,加快资源的交互与整合,因此传统多层式管理模式将逐渐向平台化、团队型、开放型组织发展,企业管理效能得以提升,基层组织与员工创造力得以释放(孙育平,2021)。例如,海尔集团将其研发、生产、销售、人力、财务等部门拆分成3000多个独立运营的虚拟小微团队,使决策权、用人权和分配权分散化,让团队能快速响应消费者需求,使组织内的资源呈现网络化结构,灵活给予基层自主权,重塑人才活力。

(二)信息能力差异造成信息不对称,便于企业筛选优质人才

一方面,网络为求职者提供海量信息,但由于人们对信息的

处理能力不同，产生的就业效果将会天差地别。在劳动力市场中，高技能劳动者获取信息的渠道更广，筛选、处理信息的能力更强，因此，他们在面对海量的招聘信息时更容易找到适合自己的工作，能够及时发现并向适合自己的用人单位发送简历；相反，低技能劳动者信息渠道更窄，筛选、处理信息能力更差，往往会因为不能及时发现适合自己的招聘信息而错过应聘机会，因此对企业来说，这种自然选择机制有利于其筛选优质人才，加强匹配。另一方面，通过数字化转型，大型国有企业有充分的资源和数据处理能力，能够在海量的求职者中快速筛选出符合自身需求的人才，还能够更有效地将招聘信息快速、直接推送给意向求职者，实现对所需求人才的精准招聘（程旭、睢党臣，2021）。例如，温州工业与能源集团开发了统一的人才招聘平台，整合全集团企业的岗位资源，并通过微信公众号等多个渠道推送招聘信息，形成动态人才库，不断积累优质候选人，为集团发展快速获取和匹配人才资源。

（三）大数据等数字技术为企业人才培训提供多元渠道、更高的精度和更科学的机制

人才水平的持续进步离不开企业的培训。在数字化转型前，许多国有企业的培训方式相对单一，未能结合技术发展和工作要求的变化，导致培训效果不好。互联网为企业人才培训提供多元渠道，线上与线下相结合，实现时间、地点、形式的多样化；企业内部建立人才培训数据库，开发利用并整合不同渠道的培训资源，实现知识的深度共享。此外，人力资源部门根据人才的个性特征、能力结构、培训需求，运用智能算法构建最优的培训计划，实现个性化、特色化的精准培训；大数据驱动的培训评价机制可以提供客观准确的培训状况分析和绩效评价，为培训效果的分析和改进提供具体的数据支撑（丰俊功，2019），更科学的培训机制有助于提高企业人才的整体水平，不断适应数字化转型工作的需要。例如，山东省港口集团借助线上一体化培训平台，克服了行业属性、人员构成复杂、工作地点分散、内容与需求难统一、培训成本高昂等困难，构建员工的知识结构、岗位角色、学习状态的精准画像，使线上培训更加智能化、自主化、高效化，也为企业相关人才的部署和培养提供方向指引和决策支持。

（四）数字化转型提高对人力资源数据的综合应用能力，智能化、精准化考核人才价值

借助数字化技术，一些难以量化的经营指标可以通过电子绩效系统进行自动测算，改变了国有企业以往考核指标粗、主观因素大、评价过程烦琐的考核模式，促使人才考核评价朝着"事实＋数据"的智能化、精准化模式转变（陈宇鹏，2020）。绩效考核依据可见的数据记录，实现精细化、数字化的考核目标，推动考核过程透明化，考核结果客观化。数字化的考核结果易于在各级机构、部门、业务条线之间进行比对，实时更新便于管理人员查看员工工作表现的动态变化，提高管理效率，凸显高水平人才价值。例如，宁波市政集团建立了全面的员工信息档案，根据管理系统中的履职和考勤数据决定补贴和工资发放；基于互联网平台开展测评工作，形成人才能力地图，不仅帮助员工全面、真实、客观地了解自身状况，也为干部选拔任用、高潜力人才识别提供科学依据。

（五）企业文化向数字化文化看齐，释放复合型人才潜力

传统国有企业的企业文化带有明显的"行政化"特征，上下层级森严，回避风险，部门间缺乏沟通，跨部门活动的协调处理能力较弱（陈宇鹏，2020），僵硬的企业文化抑制了复合型数字化人才的潜力，将导致企业数字化难以向前推进。数字化转型后，数字技术与企业内部办公流程结合，促进信息在部门内部、部门之间和上下级之间的流通传递，提高了内部沟通效率和协作能力，创造数据优先、创新至上、灵活敏捷、协调共进的企业文化。这样的数字化

企业文化有利于创造良好的创新氛围，鼓励知识的共享创作，培养互信互助意识，打破业务部门和层级壁垒，进行横向和纵向的合作，充分释放人才潜力，发挥复合型人才的综合能力优势，为企业推进数字化转型营造良好环境。例如，地产集团蓝光发展将数字化文化作为数字化的方向之一，提出了"智能企业""数据智能＋网络协同"等数字化理念，把创新意识、数字化文化灌输到全员中，从而形成直接高效的沟通。

五　数字化人才结构改革的障碍与突破

（一）国有企业数字化水平转型缓慢，人力资源改革任务艰巨

中国企业数字化转型整体上尚处于初级阶段，根据海德思哲和科锐国际的调研，虽然企业广泛实施数字化转型已超过5年，但能取得成功、可在内部推广的企业不足两成。特别是国有企业数字化转型整体相对缓慢，腾讯研究院2021年6月针对60家央企的调研数据显示，71.1%的企业认为自身数字化转型尚处于启动阶段，50.4%的企业认为数字化转型尚未取得明显效果。而在转型初期的诸多任务中，人才管理变革因其改革幅度大、成效慢、困难多，往往被排在靠后的位置。根据2020年北森人才管理研究院对200家国有企业的调查，尽管91%的受访企业已经关注到数字化人才的重要性，但成功实践的企业只有2.5%。国有企业在确定人力资源数字化具体方向和行动计划时通常会遇到难题和挑战，如数字化基础薄弱、对改革切入点的选择举棋不定、缺少统一的数字化转型愿景和目标、中高层管理人员数字化意识缺乏等，致使国有企业人才改革迟迟未付诸实践，或只限于皮毛，难有成效。

（二）国企"所有者缺位""内部人控制"等缺陷降低对高层次人才的吸引

为了提高国有企业效率，国有资本"所有者缺位"问题必须得

到解决,而现有国有资产管理体制却要求"政企分开",导致了目前政府对企业在行政上的"强控制"和产权上的"弱控制"(宋言东,2002),国企经理人完全有动机和能力操纵人力资源制度来实现自身利益。为了与普通员工联盟,提升其个人形象及实现晋升,经理人倾向于提高普通员工的平均工资,这种平均工资的提升是根据部门、资历等因素一刀切的结果,而非根据能力贡献、工作绩效实现差异化的报酬改善(陆正飞等,2012)。这种"大锅饭"式的薪酬制度实际上无视了高层次人才的突出贡献,可能导致"劣币驱逐良币",不利于吸引和挽留高层次人才。

(三)国企受地方政府干预背负社会就业责任,难以解决冗员现象

在改制前,国有企业作为计划就业体制的执行者,不能以任何经济性原因裁减剩余员工。然而在渐进式的国企改制后,相较于非国有企业,国企仍承受较多的社会性负担。各地政府下发相关文件,要求国企单位规模裁员须向劳动保障部门报批,此举迫使企业将一部分自由用工权让渡给地方政府。而地方政府由于背负着促进就业和控制失业的宏观调控压力,往往会严格限制国有企业裁员审批(曾庆生、陈信元,2006)。2008年国际金融危机后,国务院下发通知明确表示国企尽可能不裁员或少裁员,要将新增就业人数和控制失业率作为地方政府考核的重要内容,各地出台规定,要求国企原则上不得裁员。国企受地方政府行政干预严重,难以解决长期以来的冗员现象,企业无力吸纳新的高层次人才,对国企人才结构产生消极影响。

(四)权力和利益的再分配导致利益冲突加剧,数字化人才发展受限

国企内部各方的利益协调是数字化转型中的一大挑战。根据腾讯研究院对60家央企国企的调查,过半数(58.3%)的企业认为,数字化转型中遇到的最大挑战是"组织内部协同困难,难以打破原

有的部门边界和利益壁垒"。数字化过程是权力和利益的再分配过程，企业内部原本的权力架构将发生变化。数字型企业以数据作为生产要素，获取和处理数据的能力就是提高生产力的能力，与数字化能力联系紧密的信息数据部门的地位将上升，而处于数字化转型边缘的旧业务部门地位将下降。此外，考核指标和绩效评估方式变化直接影响薪酬水平，组织结构平台化、团队化、开放化发展也在一定程度上削弱了管理层的权力和影响力。由此带来的结果是，数字化水平较低的部门或员工可能产生不配合行为，内部利益冲突演变为改革的阻碍。在这种情况下，如果为了维护内部稳定而采取"各退一步"的平衡方法，数字化水平较高的部门和人才发展便可能受到限制，不利于充分发挥人才价值。

解决这些问题，一方面需要企业有全面而细致的数字化认识，另一方面需要有大刀阔斧的改革勇气。国有企业应当统筹规划，全面考虑业务、运营、人员、组织、技术等各个方面，重视人力资本数字化转变，形成系统化、体系化的设计思路；深化国有企业混合所有制改革，引入非国有股东参与治理，体现市场逻辑，完善高层次人才激励机制，改善工作氛围，减轻冗员负担，吸引和挽留高层次人才；根据整体转型方案，在集团层面成立数字化转型专项工作组，打破原有部门边界和利益壁垒，强化组织内部协同，切实保障数字化转型稳步推进。

六　数字化转型影响人才结构的政策思考

先进的人才结构是企业数字化发展的基础，也是国有企业数字化转型工作的重要抓手。面对当前国有企业数字化转型人才供需不匹配问题，国有企业要注意管理思维的变革和创新、工作方式的与时俱进，进一步升级人力资源基础管理架构，为企业在未来数字化的人才竞争领域提供更强有力的动力和保障。

（一）提高"一把手"关注度，坚定人才结构改革信念

数字化改革是"一把手工程"，企业高层对数字化转型工作的理解和支持是企业转型成功的首要前提。人才结构调整涉及大量人事变动，可能会与企业现有的既得利益团队产生冲突，一旦把握不好调整力度，容易造成内部动荡，爆发冲突，甚至导致人才流失，项目夭折。国有企业首先要在领导团队内部形成数字化转型目标、方向、路径、模式的共识，组成专门的集团专项工作组，由"一把手"任组长，分解目标任务纳入企业年度工作计划，加强动态跟踪和闭环管控。国资委要树立"一把手"责任制，与企业一把手签订责任书，把数字化转型纳入企业领导人员任期考核中。

（二）吸纳数字化人才，完善人才保障机制

国有企业要继续深化混合所有制改革，深入推进职业经理人制度，通过公开招聘、外部寻聘、内部选聘、内部员工转岗等方式多渠道选拔数字化转型领导人才。要探索建立"首席数字官"制度，培育复合型的数字化人才梯度队伍，配置业务转型领域专业人才。建立数字经济人才梯度培养体系，与科研院所、高校、职业院校合作建立企业学院、共建实训基地、举办合作专业等，联合培养高层次应用型人才。组建国资国企数字化改革专家组，广泛吸纳各领域专家为国资国企数字化改革建言献智。政府要配套出台人才政策，在数字人才的薪酬待遇、子女教育、住房保障、科研经费等方面予以支持。

（三）对现有人才进行数字技能分层精细化培训

由于各层级的人才岗位不同、职能不同，在数字化转型中起到的作用也不同，有必要对现有人才进行分层精细化培训。具体来说，可根据不同职级员工工作内容的不同，将培训工作分为"基础员工培训""中层管理者培训""高管培训"三个层面。"基层员工培训"主要面向一线工作人员和基层管理者，在熟悉业务流程和细节的基础上，帮助他们提高数字化系统的运用能力，从而使企业的数字化能力与业务模块融合，在日常工作中不断提高效率。"中层管理者培训"面向企业的中层管理者，培训工作需要帮助他们提高基于数据的业务分析能力和人才管理能力，以便能够带领团队进行数字化工作。"高管培训"聚焦于打破视野、战略和长期规划的瓶颈，帮助高层管理者探寻适合企业自身的数字化转型路径，进行统筹规划和顶层设计。在分层的基础上，利用数据和算法评估每名员工的技能等级及短板，设置个性化和定制化的培训内容。企业可以灵活应用跨企业培训中心、社会培训项目、线上培训平台等各种模式，整合利用各渠道的资源，为提高整体人才数字技能提供支撑和保障。

(四) 建立健全市场化的人才选拔与人才激励机制

国有企业人才选拔机制改革的核心是构建市场化的人才配置机制和贡献导向的价值评价政策，形成优胜劣汰、奖勤罚懒、多劳多得的高绩效文化，真正实现"能者上、平者让、庸者下"的市场化人才流动机制。要建立健全人才激励机制与约束机制，注重短期激励与长期激励相结合，积极探索员工持股、期权激励等机制以鼓励和留存企业优秀人才，提高绩效考核透明度，构建差异化的薪酬制度，对企业引进的各类高层次、复合型的领军型人才和团队，给予资源倾斜，加大奖励和表彰力度。推动建立内部退养制度，使部分综合能力较弱、不适应数字化转型工作的员工能够平稳退出管理岗位，吸纳更多富有创造力和数字化能力的人才进入管理层，有利于数字化工作推进和管理效率提升。

功以才成，业由才广。国有企业要激活"人才"这个生产力中的关键要素，不断加强数字化人才梯队建设，打造一批高层次、实用型、复合型且熟悉业务、管理与专业技术的人才队伍，才能为国有企业在数字时代的健康可持续发展和战略目标的实现提供强大的人才保障，为建设"数字中国"、提高中国经济发展水平和人民幸福指数提供新动能。

第四节　国有企业的数字化转型对员工约束的弱化作用分析

一　研究背景

在国有企业推动数字化转型的进程中，其治理结构与内部监管模式必也面临新一轮的改革创新。在原有的治理结构下，由于机构设置复杂、组织结构链条较长等缺陷，多重任务冲突以及内部管理制度的不完善、员工职能划分不清晰等问题的存在，国有企业的混合所有制改革效率较低，部分国企存在较为严重的"所有者缺位"现象，高层管理人员"行政化"与"市场化"的界限模糊（李芊霖等，2021）。在此种情境下，许多国企员工仍然抱有"铁饭碗""大锅饭"甚至是"铁交椅"的守旧心态，工作活力不足，缺乏奋斗精神，也容易导致其与企业之间的矛盾——因为重组产生的裁员降薪等问题而不断激化。

与此同时，国有企业作为社会责任的主要履行者，尤其是在当下经济态势波动、疫情不定时冲击的影响下，就有可能需要牺牲部分组织利益，服务社会群体。其带来的必然后果是企业整体绩效的降低、其内部员工薪酬水平的市场竞争力下降，做好本职工作、循规蹈矩成为多数人的底线诉求，尽量避免做多错多。并且，国有企业的薪酬考核机制较不透明，裙带关系复杂、同岗位人员冗杂，即使制定了考核机制，在实际考核过程也存在诸多不规范之处，难以形成有效的淘汰机制。有的员工甚至不惜牺牲工作效率，以无效的加班时长作为业绩，既损耗了个人精力又加大考核难度，浪费社会资源。更隐蔽的是，脆弱的公司治理模式、政府官员的包庇以及不健全的监督机制，滋生了国有企业内部存在的腐败问题，如超额的在职消费、隐蔽的内部交易、过度的干预管辖等，在问题无法及时识别的情况下，国有资产面临较大的流失风险。

此外，国有企业的性质决定了其缺乏外部市场竞争，国有企业的职位对员工能力的锻炼程度无法与市场化企业相比，给予员工的发展空间较小。因此，无论是从正向的薪酬激励还是负向的监督管理、外在竞争态势，国有企业均存在不足，二者的共同缺位导致国有企业对内部员工的约束作用明显，无法最大化激发员工的能力及创造性。

因此，本书认为，数字化的进入可以从很大程度改善上述问题。通过技术赋能、数据驱动的新型管理模式，企业的业务流程、决策审批等效率会大大提高，员工与相应职位的适配度增加，其积极性、主动性、创造性与多样性将得到充分发挥，逐渐弱化国有企业对员工的负向约束作用。与此同时，一体化数字平台带来的绩效考核透明度与治理能力的提升，不仅可以避免无效劳动、提高薪酬激励，还可以在反腐倡廉的工作中发挥重要作用，降低高管的腐败风险。下文将从跨区域联动、多任务激励、加强淘汰机制、延长金字塔结构、用户员工化等视角分析这一弱化作用的实现途径，并指出可能存在的风险，为国企改革的顺利推进提供一定的理论参考。

二 国企员工约束弱化的实现路径分析

国有企业主要可以通过建立智慧管理平台、建设数字化生态体系、数据收集与考核系统"上云"等方式进行数字化转型，以促进各职能部门或母子公司协同合作，模块化、精细化生产与营销等流程。其间，企业员工在行为空间、职责范围的束缚将得到缓解，企业难以挖掘适配人才的困境也将得到突破。

（一）跨区域联动以弱化员工的空间约束

构建一体化信息平台与母公司数据集成中心，最明显的优势即是打破了固有的现实空间限制，让企业和员工可以通过"云上"空间进行交流学习。这一作用在新冠疫情期间显得尤为重要，其影响渠道可以通过下述两种方式实现。

1. 异地审批、云上会议，缓解管理者缺位问题

国企高管的准官员身份，往往导致国企内部的官场思维较盛、"行政化"现象普遍，在用人、财务等方面的审批决策流程耗时过多，降低部门办事效率。同时，在传统的国企高管培养流程下，领导层不可避免会有外出参加党建活动、重要会议的任务，或是到外地集中学习等，无法及时响应下级部门的审批请求。若是遇到优质项目签约迫在眉睫、人才引进争分夺秒之时，管理者的缺位就极易耽误办事进程，使企业失去市场竞争机会。通过数字化建设并采用一体化、信息化管理平台，审批流程清晰明了，提醒事项及时送达，还可以通过云上系统进行签约和确认，极大地缓解了地理空间对职工外出行为的约束。下级员工在外进行尽职调查、项目谈判时，也可以实时将材料上传至系统中，便于上级人员查看和审阅，及时跟进潜在优质项目，并筛除不符合企业利益的合作项目以止损。

同时，企业对国有资金的使用十分慎重，终身责任制也使材料审核更为严格，一把手领导、重要管理人员在关键时刻需要坚守岗位、紧盯生产线，或是所在地区突发疫情受到管控，进而无法前往重要会议时，可以通过云上参会的方式，进行投票或是发表见解，既不会对本企业或是子公司的业务造成影响，又不耽误集团的整体决策。

此外，数字化赋能可用于构建大数据驱动的培训体系与评价机制，一则可以提供较为准确的培训进度与效果分析，如根据员工画像形成员工自动化学习决策模型等，更加智能化、专业化（丰俊功，2019）；二则线上培训可以克服人员所在地分散、与会成本高昂等现实问题，优化企业资金使用情况，减少员工的空间范围限制。

2. 共享知识经验，促进人才跨区流动

部分大型国有企业存在组织链条长、层级复杂等历史遗留问

题，信息传达效率较低，上下层级或是异地子公司间沟通极为不畅，可能带来潜在的同质竞争问题。通过搭建集团一体化智慧平台，一方面可以通过数据挖掘、知识库积累与经验分享，将某子公司或某部门的成功案例分享给异地同部门或是全企业进行学习与借鉴，避免重走弯路，降低项目与产品的试错成本；另一方面，也可以通过项目实时更新、产品研发进度共享等，减少异地公司、各辖区之间的同类竞争与重复劳作，相互促进研发效率，共享合作创新成果。

同时，对于子公司培养的优秀人才，其他公司在云上系统内学习其经验后，可以通过人才借调的方式，邀请其前往公司所在地进行实践指导一段时间，以促进员工之间的异地交流，打破地理空间的隔阂与约束。从另一角度而言，人才跨区流动的方式也能从一定程度上打破员工对原驻地资源的私有化，如发展原公司的合作对象为个人伙伴，再通过离职、设立相似企业的方式与其合作。这不仅会损害原国有企业的知识产权与人脉资源，也会造成项目减少、效益损失的严重后果。

因此，共享知识平台放宽了员工借助学习、培训等进行人力资本积累的途径，员工还可以通过积极分享经验为自己争取到更多交流与展示机会，拓宽升职渠道，一定程度上激发了其主观能动性。

（二）多任务激励以弱化员工的才能约束

在国有企业的招聘过程中，往往采取传统的大类（如职能岗、技术岗、销售岗等）招聘方式进行人才选拔，仅根据其所投岗位筛选适配人选。而在经过多轮面试和综合资料审查等近半年的流程后，员工才会进行上岗培训与正式入职。这些较为僵化的选拔流程和考核方式，难以适应瞬息万变的外部竞争环境；后续单调的工作内容，不求利润但求平稳的心态，也使国有企业的员工出现怠工、创造性下降等问题，束缚了员工才能的多样性，无法最大化激发潜能。长此以往，企业的业绩与发展都可能遭受不可估量的负面影响。因此，本书认为，国有企业的数字化转型，能通过以下三个途径改善该问题。

1. 任务分配多样化，促进能者多劳多得

国有企业的混改进程缓慢，亦会拖累薪酬改革的步伐，员工薪酬低于市场竞争水平、年度绩效奖金少成为普遍现象。与此同时，互联网的快速兴起与信息的广泛传播，使体制外兼职变得可行、易行，其所得收入甚至超过工资。加上家庭生活成本的日益上升，部分对金钱需求较高的员工便会理性地选择减少到厂上班时间，而在体制外兼职体力工作，如下班时间做滴滴司机、翻译校稿等，或是在上班时间完成淘宝刷单、朋友圈代购等线上业务。这不仅会影响本职工作的完成质量与效率，甚至可能使员工丧失对企业的归属感与认同感，不利于组织团结。

因此，在完成适应于企业发展需求的数字化平台构建后，国有企业内部的各职能部门可以在线上发布额外任务，并标明奖励细节。所有员工均可在完成本职任务打卡后，选择自己擅长的任务并接单，充分利用闲暇时间。这种创新方式既可以缓解员工体制外兼职的道德风险问题，在体制内多劳多得，推动业务导向，又可以增加员工的组织认同感，有利于部门间交流合作，协调员工行为，发掘高端复合型人才。

2. 个人信息整合，系统高效匹配

员工在选择工作时，往往会受到招聘公司岗位的限制，或是在大类招聘下接受调剂，最终分配到与自己所学专业不符、兴趣较低的普通岗位。虽然通过重新学习和积累经验，该员工可以熟练掌握工作技巧，但不免心情失落、无聊枯燥，怠工的情况时有出现。此外，随着外部需求的快速更迭、企业发展的不断迈进，催生了新产业链与新项目组，急需对口人才。此时，对老员工的个人专业技能进行重新审查，会比重新招聘更快捷。

然而，整理传统的纸质材料耗时过大、占用人手较多，精确度较低，建设的数字化平台是缓解该问题的良方。借助人工智能，企业可以在导入员工简历中的专业信息、曾任岗位信息等的基础上，进行数据挖掘、自动筛选归类等。之后，在企业出现人员缺口时，线上系统便可将新岗位要求与原有的人才储备库进行高效匹配，筛选合适人员，节省了人力、物力，快速满足用人需求。

3. 解放员工思想，全面发展潜能

在数字化和人工智能的不断发展下，人口却在不断萎缩，生产发展难以满足人民需求。党的十九大报告中强调，在中国特色社会主义进入新时代后，中国社会主要矛盾已经转化为人民日益增长的美好生活需要和不平衡不充分的发展之间的矛盾。此时，新技术的出现，使人类潜能无限性的实现与人类发展的有限制之间的矛盾逐渐突出（张新春等，2020）。

马克思在《1844年经济学哲学手稿》中就指出，劳动是人类的本质，却会在私有制条件下发生异化。通过扬弃异化的劳动，共产主义的历史必然性得以证明。而中国在发展进程中，虽然已经借助社会主义制度实现了劳动者与劳动资料的统一，但在提供效率、共同富裕的方面还存在不足。在数字化时代，国有企业通过数字化生态建设，实现任务分配多样化和人责匹配一致性，充分发挥员工潜能，一定程度上解放了劳动力与其思想，促使劳动力得到全面发展。

此外，在多劳多得的任务奖励下，企业内部原先因为职责岗位限制导致的基础工资分配不公、地理位置因素造成的弱发达地区与发达地区母子公司工资天花板差距，都会得到一定程度的缓解。进一步地讲，随着薪酬制度改革的不断推进，市场竞争力逐步提升，国有企业将率先达到共同富裕目标。

（三）强监管、细考核与用户参与对员工约束的弱化及反腐实践

1. 强监管、细考核以弱化员工的淘汰约束

毋庸置疑，国有企业的行政属性与员工的"铁饭碗"观念会成

为捆绑其生产效率的枷锁，难以形成有效的淘汰机制。数字化平台与云上系统建设，有利于国有企业形成强激励、细考核、严约束、重落实的全新经营管理模式，削弱经营业绩的因果模糊性。

其主要采取的可行措施有：第一，在生产、营销等考核指标较为清晰的部门，员工每月可以借助一体化信息平台自行测算薪酬与绩效，鼓励其多劳多得；第二，在行政、研发岗位的员工，上下班须准时打卡并附上日报或周报，使其工作进程与贡献透明化，谨防怠工行为；第三，人力资源部门每月对下级员工的考勤情况进行核算，并对管理层采用"末位淘汰制"来激发其干实事、以身作则的工作热情。因此，国有企业可以逐渐实行基于以能力、绩效为导向的市场化选拔任用模式和员工"能进能出"的用人用工机制。

此外，监管部门拥有一定的审查权限，可以在线上监督国有企业的生产经营和国资使用情况，不仅减少了监管部门与国企之间的信息不对称情况，还可以及时发现与处理领导层超额消费等腐败行为，杜绝此类情况的发生。

2. 延长金字塔结构以弱化腐败干预约束

数字化赋能国有企业，意味着亦可以通过一体化智慧系统，实行穿透式、集团化的管理模式，母公司与子公司之间的信息透明度提高、易于监督，促使中间管理者增加，小型团队可以进行分散化决策并快速整合资源，企业内部的金字塔结构得到延长。柳志南等（2020）的文章发现，金字塔结构的延长可以显著提升底层企业的基层员工效率，但该作用会受到薪酬差距的负向影响。将该结论结合上文分析，可以发现，国有企业进行数字化转型后，一方面，员工的薪酬水平会得到提升，差距逐渐减少，薪酬差距对效率提升的负向作用减弱；另一方面，数字化促进了市场化程度与竞争意识，就会进一步增强金字塔结构延长的正向效果。

更重要的是，中间控制人的增加与穿透式监管，可以较为有效地缓解各级政府对企业的干预，进而减少腐败情况与无效的目标多样化。底层国有企业高管权责一致并得到激励，更敢于承担风险，最终有利于整体企业与员工的效率提升。

3. 用户深度参与以弱化员工的选用约束

在数字化转型中，一类明显的改变就是线上用户社群的建设与反馈机制的完善（戚聿东等，2020）。海尔集团于2005年就率先推出以用户为中心的"人单合一"模式，将员工的角色从雇佣者转变为创业者，直接对接用户，其薪酬由用户根据员工创造的价值进行支付。借助这种监督方式，员工便会主动提高专业素养与办事效率，用户也可以进一步参与产品的开放、生产、推广等各个环节。

用户作用得到凸显的同时，其所在的社群圈也成为企业生态体系的重要组成部分。因此，已有部分公司将资深用户转化为内部员工，如滴滴出行将优秀的司机发展为公司的"服务经理"，苹果公司吸引有计算机技能的产品粉丝体验内部工作，等等，由此达到共享知识与价值、推进产品更迭、拓展公司的市场影响力的目的。

国有企业原有的较为僵硬的员工选拔模式，也可从中找到突破口，吸纳更适合该产品线或投资项目的人才。因此，国企的员工选用缺口可以得到较好的添补，企业与高技术劳动力之间更易匹配。并且，由于对企业文化的深深认同感与对相关产品的深度喜爱，用户转化的员工具有更强的主观能动性，积极贡献智力资本与人脉资源，有助于企业更好地迎合用户多样化需求，加快产品与服务的个性化升级。

三 弱化约束作用的潜在风险分析

在分析了国有企业数字化转型对员工约束弱化的正向作用之后，我们也应注意和警惕约束弱化后可能出现的风险。

首先，国有企业有部分特殊任务涉及国家机密，在企业系统上云、信息一体化之后，需要谨慎处理保密任务的发布与相关数据的安全。第一，由于信息的不对称性得到缓解，数据的传播速度极快，一旦有所泄露，后果不堪设想。因此，要从源头切断数据上载的可能性，如在构建系统时加入相关筛选与禁止程序，借助人工智能审查保密疏漏。第二，由于员工考勤绩效透明程度提高，部门与部门、母公司与子公司之间的沟通增加，故要注意同层级员工薪酬工资的保密性，以免给其带来不必要的心理负担，不利于企业内部团结。

其次，任务的多样化与线上分配，有可能产生员工职责分散、对所在部门忠诚度降低等问题，不利于员工的长期培养与提拔。因此，一定要从顶层设计开始，明确下级员工可接任务的范围，合理匹配各层级人员的责、权、利；对于有潜力有实力的员工，应加强其部门归属感，鼓励其深耕本职工作，提升专业素养。日常工作中，公司可以通过企业文化的熏陶与规章制度的设立，督促每个员工在仰望星空的同时，坚持脚踏实地，依照自身所处地位与职位，扮演合适角色，避免出现违背职业道德的过激行为。

最后，国有企业的数字化赋能要精准把握尺度，在市场化竞争的部分积极应对，在完成社会责任时认真履职，切不可忘记初心。只有将数字技术与企业自身的业务适度地融合，各个国有企业才能在差异化的数字管理模式中，最大化激发内部员工潜能，组建最有效的项目团队，收获数字赋能的效益。

第 五 章

国有企业如何弥合数字鸿沟、技术突破与数字安全的考虑

第一节 数字鸿沟问题

一 中国的数字鸿沟问题

信息技术的进步和数字经济的发展使部分群体共享数字化带来的便利和高效的同时,也在一定程度上加剧了数字鸿沟现象,本身处于数字弱势的群体更加难以学习快速迭代的信息技术,落后于时代发展的脚步,使协同发展受阻,利益分配不均等化趋势加剧。

从个体层面来看,不同年龄群体对数字设备的拥有程度、对数字应用的使用程度和数字化学习能力存在差异。根据《中国互联网络发展状况统计报告》,截至 2020 年 12 月,中国非网民规模为 4.16 亿,其中 60 岁及以上非网民群体占非网民总体的比例为 46.0%,较全国 60 岁及以上人口比例高出 27.9%。而适老化服务的不足使越来越多老年群体在出行、购物、就医等日常生活中遭遇不便,比如,没有智能手机的老年人无法满足部分地区"健康码"的需求、无法进行现金支付、难以进行线上挂号等。

从地区层面来看,中国城乡区域、东西部地区的数字化发展程度不同。根据《中国互联网络发展状况统计报告》,截至 2020 年 12 月,中国农村网民规模为 3.09 亿,占网民整体的 31.3%,农村

地区互联网普及率为55.9%，而城镇地区互联网普及率为79.8%，与城镇相比，农村互联网普及率仍然较低。此外，根据《中国数字经济发展白皮书（2020年）》，各地区数字经济发展水平与国民经济实力具有较强的正相关性，呈现出东强西弱格局，京津冀、珠三角、长三角等地数字经济发展水平明显高于东北、西北和中部地区。中国欠发达地区尤其是边远乡村，数字化基础设施覆盖不足、群众数字化知识和技能缺失，使其难以共享数字经济发展成果，地区差异不断拉大。

从行业层面来看，根据德勤《国企数字化转型全面提质增效报告》，科技、传媒和电信行业中已经启动数字化转型的国有企业占总体比重92%，工业、建筑行业占总体比重75%，而能源资源行业中启动数字化转型的国有企业仅占55%。由于不同行业国企在数据搜集上的难度不同，科技、电信、传媒等行业本身具有数字化基因。而工业、能源行业数据标准不统一，存在数据碎片化、分散化等问题，加之业务线繁多、数据规模大，对大量数据进行数据库建设的难度高。因此，工业、能源行业的发展仍然更多依靠传统资源禀赋，数字化程度不足，与新兴科技行业存在行业间的数字鸿沟。

二 国有企业在弥合数字鸿沟中的作用

与民营企业不同，国有企业是实现国家目标和社会目标的载体，承担着促进国民经济平稳运行、提供基础公共产品和服务的任务。在弥合数字鸿沟方面，由于民营企业以盈利为目标，对偏远地区进行数字化基础设施建设或帮助老龄人口进行适老化设计显然不符合其利润最大化的经营目标，且这些工作花费人力、物力巨大，民营企业大都无力承担。此时国有企业的优势得以体现，国家政策扶持、地方政府支持、充足的资金保障使国有企业有能力完成相关工程建设。以中国移动为例，中国移动在弥合中国数字鸿沟的过程中发挥了极大的示范作用，对缩小中国个体、城乡、行业间数字鸿沟做出了重要贡献。

（一）进行适老化服务建设，提升弱势群体数字化参与感

中国移动河南公司在软硬件设施方面多措并举，助力老龄群体跨越"数字鸿沟"。在硬件设施方面，业务办理窗口设置了"长辈专席"，同时营业厅内配备了电子血压计、老花镜、轮椅、便民服务箱等便民服务设施；在软件配置方面，开通了65岁以上用户专享的"舒心"尊长热线，该热线针对服务用词和操作流程进行适老化改造，使老年客户可以便捷地进行人工服务。此外，中国移动河南公司专门推出了适合老年人使用的低月租"移动孝心卡"，工作人员可以通过补换卡一体机、帮助老年人完成办理开户、补换卡等业务。

（二）加快乡村数字化基础设施建设，促进区域基本公共服务均等化

中国移动积极承担社会责任，持续完善通信业相关基础设施建设，为偏远、贫困、农村地区的数字化设施建设做出重大贡献。当前，中国移动累计已经建设并正在运营超过70万个5G基站，占全球基站比例30%。中国移动的5G服务已经覆盖10亿人口，实现了全国100%市县城区以及重点乡村的覆盖。除对于重点乡村地区的移动基站建设，中国移动也不断致力于对欠发达地区、偏远地区、无信号覆盖地区的基站建设。比如在2021年3月初，中国移动钦州公司在钦州港乌雷山完成了5G基站的试点建设开通，使其成为第一个北部湾海域海面有5G网络覆盖的地区。

（三）推动技术赋能和场景创新，帮助传统企业数字化转型

中国移动长期致力于通过5G技术赋能千行百业，不仅提供基础网络支持，更努力成为数字化转型推动者。中国移动开发并不断升级"5G专网"产品体系，为客户提供柔性化、高品质、安全可靠的网络服务。比如2019年以来，华菱湘钢吸纳引进5G技术，与中国移动通信集团湖南有限公司进行合作，钢铁生产制造逐渐向数

字化、智能化方向转型。在这一实践中，为满足华菱湘钢改善员工工作环境，提升工作效率和产品质量的需求，中国移动部署六大5G应用场景，实现了天车的远程控制、自动辨别钢板编码、机器人智能加渣、工厂安防监控能力提升、轧钢生产线装配远程指导等信息技术与智能制造的深度融合。

三　国有企业弥合数字鸿沟的建议

（一）关注弱势群体需求，优化数字配套服务

国有企业应以国务院办公厅印发的《关于切实解决老年人运用智能技术困难的实施方案》为抓手，在数字产品与服务适老化改造和破除弱势群体使用障碍方面做好表率，鼓励其他市场主体在产品和服务设计过程中关注弱势群体，弥合数字鸿沟。尤其是服务类国有企业在进行适老化改造的过程中，应当立足老龄群体实际需求，切实保障服务质量，不能仅做表面文章，使适老化改造流于形式。同时，可以开展入社区、入户、入养老机构等方式，对相关群体开展数字化应用的科普教育活动。

（二）完善数字化基础设施建设，优化资源要素供给

国有企业进行发展战略规划的同时，应积极承担弥合数字鸿沟的重要社会责任，发挥国有企业政策支持、资金充足、人员力量集中的优势，加强对数字化进程较为落后地区的帮扶力度。一方面，通过网络基站建设、物联网设施建设、数据库建设等数字化基础设施的完善，夯实地区参与数字化转型的基础，保障基础数字化设施供应；另一方面，国有企业也可以结合本地资源禀赋比较优势，依托自身丰富的数字化经验，通过与当地企业进行项目合作、在当地设立子公司等方式，在保障自身经济效益的同时推动地区数字产业经济发展。

（三）数字化技术赋能传统行业，推动行业协同发展

由于行业间数字化存在数字鸿沟，处于通信、科技、电子等行业的国有企业可以与产业伙伴进一步深化合作，推动数字化技术赋能传统产业，创新数字化技术的应用场景。具有数字化技术的国有企业可以拓展当前的业务范围，开辟数字化转型的专业化服务。传统产业通过合作实现数字化发展，提高生产运营效率，实现双赢。

同时，行业内部也应加强协作，由行业内部龙头国有企业和行业协会牵头，推动行业内部公开数据的共享和数据库建设，消除行业内部长期存在的"数据壁垒"和"信息孤岛"。推动行业内部加强交流，尤其是数字化转型方面的经验教训，树立数字化转型企业典型，帮助数字化进度落后企业学习制度安排、运营模式和技术经验等，促进行业内部企业协同发展。

第二节 技术突破问题

一 中国的技术"卡脖子"问题

数字经济发展在很大程度上依赖数字技术的进步和应用，近年来，中国正在加大力度推进大数据、云计算、物联网、5G、人工智能、先进机器人等数字技术的发展。但当前中国自主创新能力仍比较薄弱，与发达国家相比还存在很大差距，在关键核心技术上对外依存度高，高端产品开发需要技术外援，重要的零部件大部分由进口获得，一些关键的芯片甚至是100%依赖进口。

《科技日报》曾整理中国35项"卡脖子"技术和材料，包括光刻机、芯片、操作系统、高端电容电阻、核心工业软件、环氧树脂、透射式电镜、高端轴承钢、超精密抛光工艺等。当前，中国虽在部分领域已经取得一些重要的研究成果，但在芯片、材料、基础软件等方面仍存在严重短板，操作系统、工业软件尚未实现自主可控，对人工智能的基础性算法研究存在不足。

核心技术的缺失在很大程度上使中国的产业发展受制于人，无法掌握自身产业数字化前途命运，难以支撑数字经济发展。以工业领域为例，根据工信部赛迪研究院数据，中国95%以上的高端PLC（Progammadble Logic Comtroller，PLC）和工业网络协议被国外厂商垄断，50%左右的工业PaaS平台采用国外开源架构，90%以上的高端工业软件被国外厂商垄断。中国工业领域缺乏开源开放的本土通用PaaS（Platform-as-a-Service，Paas）平台和核心工业软件，工业数据采集能力、数字化运营能力薄弱。核心技术的对外依赖使中国难以脱离话语权的弱势地位，产业链命门掌握在别人手中。

二 国有企业在推动技术突破中的作用

作为市场参与主体，企业通过技术变革实现生产运营效率提升，获得高额利润，在科技创新的过程中发挥重大的作用。但在一些亟须攻坚克难、涉及经济转型升级和公共服务的领域，技术突破风险大、产业链协同要求高、科研投入量大、研发周期长，民营企业难以承担重责。而国有企业拥有雄厚的人才、技术和科研基础积累，具有实施重大科研项目创新的基础和实力，因此，国有企业是引领中国产业向高端发展、实现关键技术突破、参与全球科技竞争的主力军。

（一）提供资金和人才保障，促进高精尖领域科技突破

根据国资委披露数据，2016—2020年，中央企业累计获得国家科技进步奖和技术发明奖364项，占全国同类获奖总数的38%，累计研发经费投入超过3.4万亿元，占全国的25%。即使在2020年新冠疫情影响下经济发展近乎停滞的情况下，央企研发经费仍保持了11.3%的增速，研发投入强度达到2.55%。同时，大型国企具有较为完善的人才引进、培养和晋升体系，近年来其加强对科研类人才的引进力度，研发人员中硕士、博士比例不断增加。

充足的研发资金和科研储备团队为国有企业攻克技术难题提供了强有力的保障，使国有企业有能力在高精尖领域进行技术突破。中国目前在载人航天、探月工程、深海探测、高铁、卫星导航、特

高压、移动通信等领域步入世界前列，这些领域中的重大技术创新和突破基本由国有企业完成。

（二）提供基础技术支撑，组织产业链协同攻关

2021年4月国资委向社会公开发布了十项国有企业数字技术成果，包括核心电子元器件、工业软件类、数字平台类、数字化解决方案类技术成果。其中，中国电科研发的SiC MOSFET电力电子器件及其相关产品已进入新能源发电、新能源汽车、电网输变电、服务器电源等领域应用，有效促进了低碳数字经济发展和能源结构升级。中国信科研发的100G/200G硅光相干收发芯片及模块相关产品成功商用，并在电力通信网、5G、数据中心、卫星互联网等通信系统中具有广阔应用前景。

国有企业的基础性技术突破一方面形成技术外溢效应，带动产业技术提高，推动产业链向高端发展；另一方面发挥示范和带动作用，集中产业链力量，组织产业协同进行技术攻关和共性技术研发，为技术突破营造良性循环的产业环境。

三 国有企业推动技术突破的建议

（一）重视基础研究，因企而异布局重点产业

国有企业在进行科研创新的过程中应当下大功夫夯实自身研究基础，研究人员应掌握基础学科知识和研究方法，在基础研究底座牢固的情况下进行应用研究和创新研究。同时，国有企业应深耕主营业务领域，立足自身主业进行科技创新研究，在主业涉及的范围内积极与国家技术攻关计划对接，在"卡脖子"的工业软件、高端芯片、发动机等产业领域，以及数据、云计算、人工智能、新能源、生物医药等战略性新兴产业领域进行科技研究，努力实现技术突破。

（二）打造长板技术，推动原创性技术突破

在中国科技水平走在世界前列的领域，如高速铁路、移动通

信、载人航天、新能源等，相关国有企业应重视技术迭代创新，持续保障科技创新生命力，锻造长板技术。同时，在借鉴国外已有技术经验的基础上，国有企业也应当加强创新型研发投入，培养优秀的研发人员团队，进行原创性技术攻关。

（三）加强各方协作，营造技术创新良好生态

国有企业应借助其龙头优势，促进各方团结协作，共克技术难关。一方面，在国有企业内部，加强各部门对研发团队的交流和支持，减少监管部门对企业创新活动的干预，推动企业内部资源有效整合；另一方面，在行业内部和产业链上下游，深化共生理念，鼓励协同发展，促进行业内部和产业链上下游企业开放合作交流，营造良好的技术创新环境。此外，国有企业也应加强产学研融合发展，积极与科研机构、高等学府等建立合作关系，获得外部研发力量支持。

第三节　数字安全问题

一　中国的数字安全问题

随着中国数字化改革的不断推进和产业模式的变革，数据资源蕴藏的巨大价值正在不断被挖掘，数据已经成为重要的新型生产要素，开始在市场间流转与使用。同时，5G、大数据、区块链、人工智能等新一代信息技术和创新应用也为数字安全带来了更多的风险和威胁的暴露面，随着新一代信息技术与业务形态的深度融合，网络安全风险将延伸至企业生产与经营等多个方面。

在这样的背景下，数字安全问题一旦爆发，影响程度和范围将十分广泛。根据IBM Security发布的《2021年数据泄露成本报告》，平均每一数据泄露事件将导致企业付出424万美元的代价。而除了对企业经营产生重大影响，一旦网络攻击和数据泄露问题威胁到金融业、能源业、工业等关系国民经济命脉的重要行业和

重点领域，则可能引发重大网络安全事件，威胁社会经济安全乃至国家安全。

当前中国在应对数字安全风险时，防范能力和处理能力仍较弱。据国家互联网应急中心数据显示，2021年上半年，中国境内受恶意程序攻击的IP地址占国内IP地址总数的7.8%。CNVD验证和处置涉及政府机构、重要信息系统等网络安全漏洞事件近1.8万起。CNCERT监测发现境内大量暴露在互联网的工业控制设备和系统，存在高危漏洞的系统涉及煤炭、石油、电力、城市轨道交通等重点行业，数字安全防范能力低下已对中国数字经济大发展产生极大威胁。

二　国有企业在维护数字安全中的作用

国有企业大部分处于关涉经济运行、公共事业甚至国防军工的重要领域，相关生产经营数据、产品设计参数、业务流程等具有一定的保密性需要，相较于普通企业，其更关注对数字安全的防护。国有企业安全防护系统的设计和使用一方面有效防止了数据窃取和隐私泄露问题，维护数字经济稳定运行和国家安全；另一方面，可将相关产品和应用进行推广，为其他企业部署数字风险防范措施提供经验借鉴，加强企业对数据的重视与防护。

从具体案例看，中国石油天然气集团建设了"信息内容审计平台2.0"终端敏感数据审计系统，利用敏感数据识别技术对终端数据进行自动识别，对各类型数据进行分级分类管控，有效降低了系统敏感数据的外泄情况，并抵御了外部对企业敏感数据的窃取。

中国移动建设了用于保护客户信息的"金库模式"，该模式严格执行多人验证授权的数据查询，对涉及用户敏感信息的关键操作，采取"关键操作、多人完成、分权制衡"的原则，实现操作与授权分离，确保所有敏感操作都有严格的控制。针对App违法违规收集使用个人信息的问题，中国移动将"金库模式"覆盖到全网，严格把关合作 App 的数据权限范围。

中国航天科工集团建设了"军工智造跨网域互联协同信息安全及保密防护系统"，通过构建特殊场景下的企业管理网和生产网跨网互联安全保密防护体系，实现不同网域间的安全互联、数据共享，并以此为基础开展进一步的数据应用和开发。目前，该项目已完成了工控网络安全综合防护与态势感知等系统建设，并在 10 余家单位进行了应用推广。

三　国有企业保障数字安全的相关建议

（一）提升数字安全意识，加强顶层设计

数字化转型是一项长期的、复杂的系统性工程，其中保障数字安全是实现数字化转型成功的前提，在推动数字化转型之初应意识到数字安全防护的重要性，数字安全不仅只是数字化转型的"辅助工程"和"配套设施"，而是数字化转型整体方案设计中不可缺失的一环。应将数字安全纳入数字化建设的规划之中，在数字化转型的过程中同步进行，使业务系统和安全系统实现联动与协同，发挥整体防护效能。

（二）储备专业化团队，提高管理能力

数字安全专业人才缺失使企业往往依赖服务商进行数字安全防护。一方面，不同服务商之间安全防护能力存在差距，企业安全防护能力提高缓慢，无法做到稳定供给；另一方面，难以实现定岗定责，相关制度和要求难以全面落实。因此，国有企业可以通过储备专业人才团队、制定相关管理制度和考核体系等方式来落实主体责任、明确业务流程，提高数字安全防护能力和管理水平。

（三）保障常规安全防护，增强应急处理能力

国有企业在进行数字安全防控过程中应同时提高常规安全防护能力和应急处理能力，增强对安全态势的感知能力，提高风险预警水平。一方面对病毒库、漏洞库等基础资源库以及数据资源库进行常规化、集中化安全检查，提升常规化安全运营水平。通过设置相关风险警示指标、培养相关业务人员对网络安全风险的敏感性等提高安全预警能力。另一方面，通过及时学习最新安全防护技术，迭代和更新安全防护系统，实行网络安全演习等，提高企业应急处置能力。

第 六 章

基于传统自然垄断行业改革经验的数据国有化探讨

第一节 数据的自然垄断性判定

当代意义上的自然垄断产业的定义来自鲍莫尔。鲍莫尔认为，自然垄断产业就是一家垄断型企业生产某一产品的成本低于多家企业同时生产该产品的成本（Baumol et al., 1977）。

一 技术经济角度：自然垄断属性

自然垄断产业具有复杂的技术、经济特征，这是政府制定与实施管制政策的基础。

（一）显著的规模经济效益

规模经济是自然垄断的充分非必要条件，即只要规模经济存在，就一定具有自然垄断性。一方面，建成基础设施后，数据要素的边际成本迅速递减甚至趋于零；另一方面，价值低密度性表明大量的多维度数据聚合更有价值。

（二）网络性特征

自然垄断行业往往具有网络性的特征，即依赖一定的产业网络提供服务。数据要素的采集、存储、加工和流通等各个环节均依赖于信息网络。

（三）资产的专用性和沉淀性

网络性特征要求自然垄断行业前期需投入大量资金进行基础产业网络的建设。而用户是获得数据的基础，在数据采集环节为了吸引足够的用户，需要在硬件、宣传推广、网络协同和平台运维等方面进行大量投入。此外，数据建模、算法设计、运算处理等环节也需付出高昂的沉没成本。

二 社会产品角度：准公共品属性

从社会产品分类来看，自然垄断产品又被称为可排他非竞争性准公共品。

（一）非竞争性

非竞争性是指在技术层面上，数据消费者可以被任意数量的企业或个人同时使用，而不会被消耗掉（Jones et al., 2020）。这意味着"数据访问"的重要性，并提出了数据充分交易、流通和共享上的效率要求。

（二）部分排他性

关于数据是否具有排他性存在一些争论。一些学者认为，用户多栖的特征使对某数据的收集和使用并不会影响或阻碍其他市场主体收集使用该数据。也有观点认为诸多因素会限制数据的可获得性，导致数据至少拥有部分的排他性。

首先，即使是原始数据的采集也可能存在接口和渠道上的限制。例如，智能手机上的操作系统和 App 是重要的数据采集渠道，而预装的操作系统（如安卓）和应用都可能阻止用户去使用其他类似的操作系统和应用（Rubinfeld and Gal, 2017）。其次，数据的可获得性可能被数据所有者或控制者通过排他性协议等方式人为扭曲。再次，在平台经济下，数据的采集和网络外部性结合在一起所形成的正反馈机制，也通过锁定效应强化了数据获得性上的进入壁垒。最后，沉没成本意味着个人数据并不可能免费获取，否则就没有人愿意花费大量的资金提供免费服务来获取和分析数据，以保持与数据相关的竞争优势。

综上所述，从技术经济角度来看，成本的次可加性、资产专用性和沉淀性、网络性决定了数据的自然垄断属性；从社会产品角度来看，数据具有非竞争性和部分排他性，属于准公共品。因此，数据符合自然垄断产品的定义。

表6-1　　　　　　　　　数据的自然垄断性判定

自然垄断属性	规模经济	边际成本递减
		大量数据聚合凸显价值
	网络性	各环节依赖于信息网络
	资产的专用性和沉淀性	高昂的投入
准公共品属性	非竞争性	可以同时使用而不会被消耗
	部分排他性	存在接口和渠道上的限制
		排他性协议
		通过正反馈机制形成获取数据的进入壁垒
		沉没成本决定了数据获取需要付费

第二节　传统自然垄断行业改革经验及启示

一　分散竞争导致市场失灵，国有化助推行业早期成长

电信、电力、铁路等行业以其特殊的技术经济属性，被视为自然垄断行业。作为国民经济命脉，传统自然垄断行业往往带来了社会福利损失，而政府通常通过国有化或管制的方式进行干预以降低福利损失（林卫斌等，2010）。

总结第二次世界大战后世界各国国有化改革经验，政府对自然垄断行业加以干预的主要原因包括以下几点。

第一，解决行业公益性与企业利润最大化目标间的矛盾。自然

垄断行业大多属于国家基础性、命脉性部门，如电信、自来水、公共交通等，关系国家经济命脉和国民社会福利。国家通过国有化或管制方式兼顾经济与社会双重目标，避免企业利润最大化的单一目标引致的福利损失现象（谢地等，2003）。

第二，充分发挥规模经济和范围经济效应。首先，政府在行业发展早期统筹基础设施建设、资金调度等，有效缓解了私有建设中投资高、资金回流慢、风险大等问题。其次，行业早期发展极其分散的过度竞争市场结构导致"市场失灵"。以美国铁路为例，早期美国铁路公司在自由资本主义市场下爆发性增长，1910年数量达到1300家，铁路市场自由高速发展的同时也出现了无序竞争、过度追求利润等不良现象，铁路数量供过于求，1916年铁路里程高达40.6万千米，社会公共利益严重受损。最后，政府对自然垄断行业采用的垂直一体化经营模式，在一定程度上可以降低产业链上下游信息获取成本和交易费用，从而实现范围经济。

第三，行业网络性决定了行业初期统一构建网络的高效性。政府采用的垂直一体化经营模式与自由竞争相比，更有利于行业技术标准、网络构建的统一，在一定程度上降低因企业间信息资源共享壁垒而呈现出的低效率重复建设，提高便民程度。

第四，降低信息不对称性和解决自然垄断行业定价矛盾以维护消费者利益。私营企业逐利性的特征常常使消费者在交易中处于不利地位，在自然垄断行业中更为明显。一方面，垄断导致行业缺乏竞争，垄断企业对产品质量提升缺少动力，可选择性低使消费者福利受损；另一方面，自然垄断行业的特殊属性使私营垄断企业倾向于高定价以获取高额利润，这与其公共属性相矛盾，政府通过实施定价干预"让利于民"。

二 国有化产生政府失灵，市场化、私有化改革成主流

国有化和政府管制虽然在自然垄断行业发展初期缓解了市场失

灵，促进了行业有序发展，但随着社会经济形势的不断变化，其导致的政府失灵也阻碍了行业乃至整体经济的发展。以中美两国电力行业为典例，20世纪70年代末爆发的石油危机使美国电力行业体制的缺陷暴露，作为国民经济基础性部门，电力市场定价高昂、供给不足、技术进步缓慢和经营成本高涨等诸多问题无疑使社会经济发展严重受阻。而在中国，相似难题也同样出现。中华人民共和国成立以来，电力行业在计划经济体制的高度统一领导下不断发展，然而国家独资办电弊端也随着用电需求的增加不断显现，受电力建设周期长、技术落后和资金短缺等的制约，电力供给效率低下，供给严重不足，极大地阻碍了经济进步。这也直接反映了国有化垄断运营机制仍然存在诸多缺陷。

第一，企业运营效率低下。一方面，政府与企业行为目标的不一致导致企业运营缺乏激励。企业在政府垄断经营下须兼顾社会目标，由此产生的成本节约和垄断利润由社会共有而非企业所有，企业仅仅扮演收税者的角色（肖兴志等，2004）。另一方面，自然垄断行业强调的规模经济和范围经济必要性值得商榷，其带来的效率损失可能远高于效率提升。美国电力行业就是典型的例子，20世纪70年代美国电力公司通过贷款大力兴建电厂降低平均成本的方式应对石油危机。然而事与愿违，石油危机带来的经济萧条冲击了电力需求，需求不足、产能过剩进一步加重了电力公司的财务负担。

第二，成本控制缺乏激励，定价机制不合理。一方面，国有化下价格无法反映产品真实成本。在政府补贴经营等模式下，企业的利润与成本无关，企业对成本的控制缺乏动力，而信息不对称性的存在甚至使企业可能出现瞒报、虚报成本等现象，产品账面成本虚高，政府规制费用也随之增加，加重了政府财政负担，最终甚至转嫁给消费者。另一方面，市场竞争的缺失使政府价格机制无法真正反映市场供求关系（廖红伟等，2015）。供应商稀缺必然导致市场出现"供给决定需求"现象,加之信息不对称性的影响,消费者的实际与潜在需求难以被挖掘和满足,由此产生的定价机制远不如市场自由竞争的有效。引入竞争对手不仅可以倒逼企业提升企业产品质量和核心竞争力,同时技术外溢效应、外部规模经济等的存在有利于压缩企业成本进而降低产品价格,做到真正的"让利于民"。

第三,技术迭代创新缓慢,企业竞争力不足。市场缺乏竞争导致企业对自身技术改进、竞争力提升的自主性和积极性降低,加之消费者可选择性匮乏,企业提供的产品质量差、技术迭代缓慢、缺乏核心竞争力。

为了提升自然垄断行业运行效率和核心竞争力,20世纪80年代以来,世界各国掀起了市场化、私有化改革浪潮。反观世界各国改革史,核心导向均为促进市场竞争,提升企业效率,促进经济进步,其中主要的改革方式有政企分离、竞争性业务剥离、放宽进入规制等。

第三节 数据国有化的成本—收益分析

根据数据产业链,大致可以将数据分为原始数据和衍生数据。前者是指对自然世界和社会活动直接进行观察和记录所形成的数据,而后者则是指对原始数据进行处理、分析和开发所得到的结果。

一般来说,原始数据本身的价值密度很低,需要通过加工和分析,将非结构化的字节转换为具有实际应用价值的信息(Rubinfeld 和 Gal,2017)。只有深度加工的数据要素最终才具有参考的价值和意义,这就依赖于数据加工和处理者的投入以及其数据分析能力和创新能力。因此,在衍生数据环节,赋予相应的产权并通过市场化方式来配置资源更能激发创新潜能,也更加有利于数据要素市场的发展完善。同时，数据要素边际成本几乎为零，现行成本监审核定价不具备稳定基础，无法通过政府定价或政府指导价对价格进行管控。因此，衍生数据市场化在直觉上更具有效率。

但是，原始数据的自然垄断属性决定了其如同传统自然垄断行业一样，经营模式的选择具有争议性。因此，在这里，我们进行了原始数据国有化模式和政府管制的成本收益分析。

一 国有化模式及成本收益分析

假定数据国有化模式如下：建立一个国有平台进行数据存储，所有原始数据直接接入平台。在国有平台中，"原始数据不出域，数据可用不可见"。企业使用数据的渠道有两种：一是自行采集接入该平台后免费使用；二是付费获取平台中其他数据。在此模式下，原始数据所有权归用户，国有平台享有数据的管理权和处置权，企业则享有用益物权。

（一）国有化的收益

1. 规模经济效益

由于数据采集交易基础设施建设和数据安全防火墙建设成本高昂，国有平台统筹建设有利于实现规模经济，降低平均成本，同时提高企业进入数据采集市场的积极性，增强数据采集市场活力。

2. 数据资源共享

市场化经营模式下企业间受数据权属限制和企业利益影响，数据共享存在壁垒，流通性不足。在国有化经营下，数据有序交易，企业间数据共享得以实现，资源配置得以优化。

3. 数据安全保证

一方面，国有平台统一管理降低了因企业无序交易导致的隐私泄露风险，保障了数据安全；另一方面，原始数据国有化在一定程度上制约了"赢者通吃"现象引致的市场无序竞争行为。

（二）国有化的成本

1. 效率损失成本

借鉴传统自然垄断行业的发展经验，国有化经营往往产生政府失灵现象，市场竞争的缺位使企业运行效率低下。国有平台非营利性的性质使原始数据以低于平均成本的价格进行交易，当企业从平台获取数据的成本低于自身企业采集成本时，企业更倾向于直接从国有平台获取，这无疑将降低原始数据生产效率。而在市场自由竞争下，"数据为王"使企业为提高市场地位而不断扩大数据要素采集规模，并基于大数据分析技术等不断优化采集质量。

2. 企业经营成本增加

传统自然垄断行业的发展经验表明，受政府与企业激励不同和信息不对称性影响，国有化经营往往导致企业经营成本控制缺乏激励，加重了政府财政负担。一方面，数据国有化模式下带来的成本节约归社会所有，且超额的垄断利润归政府所有而非企业，与企业行为目标相悖；另一方面，国有平台通常以补贴等方式管控，信息不对称性使国有平台无法全面了解企业采集交易数据的真实成本。因此，企业成本控制严重缺乏激励，最终导致了企业经营成本远高于市场化经营模式下的成本。

3. 核心竞争力下降

改革开放之初，中国电力行业因国有化引致的技术迭代缓慢、技术落后等问题是电力供不应求的重要原因之一。大数据时代下，技术更迭飞速，掌握数据的同时也要求企业不断实现技术创新，优化升级数据采集交易等环节的服务提供方式等以提升核心竞争力。而反观其他自然垄断行业的发展历程，不难发现，国有化经营模式运营效果显然无法满足需求。

4. 社会福利损失

传统自然垄断行业发展经验显示，政府失灵往往使定价机制无法反映真正的市场供求关系，随之引发的价格高昂、产品质量差等问题降低了整体社会福利尤其是消费者福利。一方面，数据采集成本的虚高往往增加了买方的负担；另一方面，作为新型生产要素，数据的质量关系社会经济整体发展，然而国有化效率低下并不利于数据要素市场的数据质量优化。

5. 技术成本

一方面，由于国有平台数据体量庞大，隐私集中度高，一旦国有平台被攻击，甚至可能出现更大范围的隐私泄漏，因此这也对国有平台的安全性提出了更高的要求；另一方面，由于信息不对称性，原始数据不经过企业而直接接入国有平台在实际操作中可能存在"隐瞒空间"，降低政策实施有效性。目前技术尚未成熟，实现国有化经营必然需要投入更高昂的技术成本。

二 混合所有制模式成本收益分析

20世纪90年代以来，中国逐步推行混合所有制改革，允许民间资本和外资参与国有企业改组改革，旨在促进生产力发展。

混合所有制具有促进公有资本和非公资本的优势互补、促进非公经济发展的优势（黄速建，2014）。由于国有资本具有经营规模大、信誉较好等特征，容易获得政府的政策支持（辛蔚等，2019）。另外，国有资本具有引导作用，因此，引入公有资本有利于对数据企业资源相对短缺等进行补充，同时在保证数据安全的基础上实现数据资源共享，促进数据要素市场发展。

然而，改革交易成本、机制不完善等均可能导致效率降低、竞争力下降等问题。首先，采用混合所有制模式带来的企业变革成本、协调成本等可能在一定程度上抵消收益；其次，企业经营差异性要求引入国有资本具有灵活性，这对于制度规范的完善提出了高要求，一旦产权结构不合理、经营模式不适配等，数据企业的经营效率和核心竞争力都有可能受损，这不利于数据市场的进一步发展。

　　基于传统自然垄断行业的改革经验对原始数据不同经营模式进行成本收益分析，可以发现，无论哪种模式，数据充分流通使用、数据相关主体权益和数据安全往往无法同时实现，根本原因在于政府和企业行为激励不同。不可否认的是，国有化和混合所有制能在一定程度上解决市场失灵带来的问题，但其产生的政府失灵也不容忽视。历史经验表明，政府失灵带来的成本是有可能高于市场失灵所带来的成本。因此，在划分出非竞争性业务的基础上进行不同模式的成本—收益权衡，是决定数据是否需要国有化的核心所在。

第七章

推动国有企业数字化转型的政策分析

第一节 企业数字化转型的国际经验

当前,世界各国都在积极推动企业数字化转型。

美国企业数字化布局最早,政策全面,注重人工智能等前沿技术和高端制造业。美国多年来持续关注新一代信息技术的发展,分步骤地通过了《联邦大数据研发战略计划》《国家人工智能研究和发展战略计划》《为人工智能的未来做好准备》《美国机器智能国家战略》等政策,有效促进了数字化转型的发展进程。

英国对企业数字化转型也属于布局较早的国家之一,较早出台相关政策和多项战略,积极调整产业结构,从而打造数字化强国。2017年以来,英国逐步发布《英国数字战略》《产业战略:打造适合未来的英国》《产业战略:人工智能领域行动》等政策,通过战略部署的引导作用,推进人工智能等高科技的创新应用,从而促进数字化的发展。

德国以工业发展为核心,逐步完善数字化转型,出台相关政策助力中小企业的发展。2016年,德国联邦经济和能源部发布《数字化战略2025》,强调通过企业数字化促进传统产业的转型,提倡不同部门和不同行业的智能智联,形成开放的创新平台。同时积极促进企业和政府的协同合作,增加对中小企业的补贴和扶持力度,从而能够更好地利用信息技术。德国政府在2018年详细划分了企业数字化的五个行动领域,即数字技能、信息基础设施、创新和数字化转型、数字化变革中的社会和现代国家,从而推进数字化的发展。

欧盟秉持合作共赢原则,通过建立统一的数字平台市场,促进成员国企业数字化的协同发展。2016年,欧盟委员会推出《产业数字化新规划》,从而推进成员国在5G、云计算、物联网和网络安全等领域形成统一的标准,从而协同发展产业数字化。

法国通过一系列提升数字化水平的措施,从而驱动工业的转型升级、推进数字化人才培养和激发经济增长。2018年,法国公布了《利用数字技术促进工业转型的方案》,提出加强法国本土工业生态系统建设。通过"技能投资"培养计划,建立就业中心、高等院校及企业等合作培养机制,培养专业的数字化人才,从而支撑各行业的数字化转型发展。

日本也制订了一系列技术创新计划和数字化转型举措,助力工业互联网发展,推进社会的智能联通。日本政府先后发布了《第五期科学技术基本计划》《制造业白皮书》来助力数字化转型的发展。

第二节 当前推动国有企业数字化转型的政策特点

当前,中央和地方部分省市出台推动国有企业数字化转型的专项文件,指明转型的基本原则、重点目标、主要方向、政策保障等,强化实施保障。例如,国资委出台《关于加快推进国有企业数字化转型工作的通知》,北京市国资委出台《关于市管企业加快数字化转型的实施意见》,重庆市国资委印发《重庆市属国有企业发展数字经济三年行动计划（2020—2022 年)》等。这些政策具有如下特点。

一 强调组织领导，强化数字化转型的配套体制机制建设

地方省市成立国有企业数字化转型领导小组，建立工作专班，主要负责研究制定标准规范和政策措施，建立考核、督导评估机制，协调重大问题，强化数字化改革组织保障工作。此外，实行数字化转型一把手负责制，把数字化转型目标纳入国有企业领导人员的任期考核指标，加强统筹调度，激发企业负责人干事创业的动力和激情。例如，浙江省成立全省国资国企数字化改革领导小组，北京市和上海市明确实施一把手责任制推进国有企业数字化转型。

二 强调数字基建，着力夯实数字化转型基础

基础设施建设是国有企业数字化转型的基础，各省市根据自身特点出台政策有侧重地加强数字经济基础设施建设。总的来看，是要大力发展 5G、云计算、区块链、人工智能、数字孪生、北斗通信、物联网、工业互联网等新一代信息技术，探索构建适应企业业务特点和发展需求的"数据中台""业务中台"等新型 IT 架构模式，建设敏捷高效可复用的新一代数字技术基础设施；应用两化融合管理体系标准（GB/T 23000 系列），加快建立数字化转型闭环管理机制和系统化管理体系。

三 人才保障，加大数字经济领域高层次人才引进和培养

人才是国有企业数字化转型的关键要素之一，地方政府纷纷出台政策加强人才引进和培养。实施人才引进工程，数字经济人才专项计划，引进和培育数字经济相关行业领军人才、高端管理人才、专业技术人才，按照有关规定给予引进人才支持并享受相关待遇。

建立数字经济人才梯度培养体系，支持企业与科研院所、高校、职业院校合作共建培养学院，联合培养高层次应用型人才。组建国资国企数字化改革专家组，广泛吸纳各领域专家，为全省国资国企数字化改革建言献智。例如，上海市将数字化人才纳入"本市需要紧缺人才目录"和"国资骐骥"人才储备计划。

四 强调资金支持，建立专项资金投入机制

地方政府通过资金支持和税收优惠政策，加大国有企业数字化转型的激励。宁夏统筹自治区级专项资金，重点支持数字经济重大基础性、通用性、保障性项目建设；落实税收优惠政策，鼓励企业进行数字化转型的探索。上海市对企业数字化重点项目相关投入在经营业绩考核中，经认定符合条件的视同于利润，探索对国有企业研发费用中用于数字化的投入，经过专项评估，予以一定比例补助。甘肃省成立数字经济细分领域子基金，利用新兴产业创投基金、生态产业发展基金，争取国家重大科技专项和科技支撑计划，推动国有企业数字化转型。江西省设立5G、虚拟现实、新型基础设施等专项基金。对成功上市的数字经济领域企业，按照相关规定享受奖励资金，鼓励企业所在地政府给予适当补助。

五 强调考核评估，强化数字化转型监管

国有企业数字化转型不能"纸面转""数字转"，要通过考核评估，及时反馈转型的效果。浙江省将数字化改革纳入考核体系，建立健全专题例会、信息反馈、工作协同等机制，按月列清单，每周抓推进。上海市建立国资监管数据指标体系，科学有序推进企业上云和信创工作，绘制直观准确的国有企业"监管画像"。甘肃省建立数字经济统计监测体系，建立重大数字经济项目评估考核机制，对政府支持项目实施项目绩效评估。

表7-1　　　　　　　　支持数字经济发展的举措

建立健全政策体系	编制《数字经济创新引领发展规划》；研究构建数字经济协同治理政策体系
实体经济数字化融合	加快传统产业数字化转型、布局一批国家数字化转型促进中心，鼓励发展数字化转型共性支撑平台和行业"数据大脑"，推进前沿信息技术集成创新和融合应用
持续壮大数字产业	以数字核心技术突破为出发点、推进自主创新产品应用；鼓励平台经济、共享经济、"互联网＋"等新模式新业态发展
促进数据要素流通	实施数据要素市场培育行动、探索数据流通规则，深入推进政务数据共享开放，开展公共数据资源开发利用试点，建立政府和社会互动的大数据采集形成和共享融通机制
推动数字政府建设	深化政务信息系统集约建设和整合共享；深入推进全国一体化政务服务平台和国家数据共享交换平台建设
持续深化国际合作	深化数字丝绸之路、"丝路电商"建设合作，在智慧城市、电子商务、数据跨境等方面推动国际对话和务实合作
统筹推进试点示范	推进国家数字经济创新发展试验区建设；组织开展国家大数据综合试验区成效评估，加强经验复制推广
发展新型基础设施	制定加快新型基础设施建设和发展的意见、实施全国一体化大数据中心建设重大工程、布局10个左右区域级数据中心集群和智能计算中心；推进身份认证和电子证照、电子发票等应用基础设施建设

数据来源：《关于2019年国民经济和社会发展计划执行情况与2020年国民经济和社会发展计划草案的报告》。

第三节　分类改革下国企数字化转型的政策建议

由于国有企业体量庞大、根系复杂，所以当前中国国企数字化的政策较为多样，目的也各不相同。国资委非常重视企业数字化转型工作。目前，在国家层面出台了《关于加快推进国有企业数字化转型工作的通知》，从全局为国企数字化提供指导方向。多个省份以及多个国企中都出台了国企数字化转型的相关政策，为国企数字化提供明确的方向指引。

一　差异化数字化政策内容

数字化政策的内容也要注重精准施策，从而更加科学高效地推进数字化转型。在转型基础方面，政策强调国企数字化在技术、管理、数据和安全方面的推进和落实。在转型方向方面，政策指导国企在产品创新、生产运营、用户服务和产业体系等多方位的数字化。在赋能举措方面，政策注重国企在建设基础设施、发展数字产业和攻克关键技术等方面来助力数字化转型。

在分层分类之后，国有企业划分为商业一类、商业二类和公益类国企，而它们的数字化转型政策也各不相同：商业一类国企的数字化转型政策注重数字化推动企业的转型升级和高质量发展；商业二类的国企为涉及国家安全产业、经济支柱产业和其他前瞻性产业，因此政策目标则更侧重于服务宏观层面的战略要求，以国家战略和经济发展需求为指引；公益类国企则主要通过数字化转型达到提高公共物品和服务的质量与效率的目的。

二　差异化协调数字化转型的各个环节

首先，企业内部的数字化应该在生产管理的各个环节进行布局。在管理层面，应该运用信息系统等技术来提升管理效率，智能化绩效考核等管理环节，促进各部门间的信息流通；在产品层面，需要对产品进行数字化创新，利用数字化增加产品附加值；在渠道层面，构建线上用户社群、App 生态圈等，从而形成生产环节和用户声音之间相互响应的良性循环；在价值链层面，通过数字化推进设计、物流、制造、交易等各个环节的智能互通和信息流通，从而减少信息差，优化决策效率和决策质量。

其次，在顶层设计上也要逐步落实对国企数字化发展的政策支持。不仅要从宏观层面对国企数字化有详细的政策指导和意见，也要在不同的行业中落实针对具体领域的政策导向。同时还要强化政策的战略引导作用，使不同国企的数字化发展在战略层面都遵循同样的方法论和追求同样的目标。

最后，需要注重高新科技的革新发展。在国企数字化发展的过程中，要明确数字化对传统产业转型升级的作用，通过数字化促进传统产业发展。同时利用数字化前瞻技术的发展来推进国有企业生产效率的优化和生产质量的提升，从而助力国有企业生产力发展，创造出普惠全民的成果。

三 综合运用各类政策工具保障政策目标落到实处

第一，在推进国有企业数字化转型的相关政策中难免遇到一些困难。首先，由国企数字化转型的特点可以得出，当前不同行业、地域和规模的国企的数字化转型程度各不相同，发展较为不平衡，因此在推进统一政策的实施上，可能会遇到相互协同方面的困难。其次，当前大部分国企数字化转型进程较慢，对于规模庞大、人员众多、业务链较长的国企来说，推进数字化相关政策还有很长的路要走。最后，当前对国企数字化转型的思想认知还存在偏差，企业内部人员需要推进对数字化转型政策的统一性和系统性认识。

第二，当前各类政策的目标主要集中在三个方面。其一，在国企数字化发展不平衡的当下，需要政策统筹数字化转型的协同发展，明确不同行业、不同地域的数字化发展步骤和规划，从而使整个国企数字化转型过程按照规划协调统一发展。其二，提高对数字化转型必要性的认识，在各个国家都企图通过数字化转型促进产业升级、培育核心竞争力的当今，以及信息技术发展如此迅猛的时代，中国国有企业发展数字化是十分必要且迫切的。而中国国有企业数字化发展进程仍十分缓慢，因此需要提高对数字化必要性的认识，从而能够加快推进国企的数字化转型。其三，推动企业数字化的文化变革，从认知层面革新国有企业员工对于数字化的理解，使企业文化、管理理念和组织行为都能够充分渗透到数字化转型发展之中，从而确保数字化转型真正深入企业的层级结构之中。

为实现目标，需要运用一些工具，如顶层设计、企业标杆、资源保障等。首先，顶层设计是一项重要的政策工具，通过为国有企业制定数字化转型专项规划和方案、构建现代信息系统治理体系以及组织对特定国有企业的对标诊断，从而使数字化转型的过程更为系统性和科学性。其次，通过分门别类地设立企业标杆，在制造类、能源类、建筑类、服务类等不同的国企领域中设立企业标杆并示范推广，从而突出各类企业的发展重点。最后，通过政策落实资源保障，包括管理、资金、人才储备等资源，通过规范管理过程、设立专项资金、培养和引进人才，使数字化转型储备好充足的资源。除此之外，还可以通过其他工具来推进国企数字化转型，助力国企高质量发展。

四 在分类原则指导下，进行有针对性的政策

可以从以下几个方面对国企数字化进行有针对性的政策。

第一，对企业进行数字化培训。对于商业一类国有企业，应该充分运用市场化机制，从市场中选拔数字化转型领导人才，助力企业员工深入对数字化的理解，并定期开展考核，从而使企业员工能够经受市场的考验；对于商业二类国有企业，应从企业内部选拔数字化转型领导人才，统筹发展企业内部数字化培训，从而推动企业内部对数字化的把握、促成国家利益最大化。对于公益类国有企业，应该通过上级股东单位的任命组织构成管理层，通过购买社会服务、委托代理等方式加强企业的数字化培训。

第二，加强数字基础设施建设。对于商业一类国有企业，应该深化混合所有制改革，积极参与市场竞争，利用市场资金进行基础设施建设，实现生产运营智能化和产品创新数字化；对于商业二类国有企业，应该发挥国有资本在数字化转型中的主导作用，利用政府专项资金支持，适当引入社会资本，综合统筹基础设施的建设，从而推进产业体系生态化和生产运营智能化。对于公益类国有企业，通过财政补贴和自筹资金，运用特许经营、购买社会服务、委托代理等方式，推进企业内部的基础设施建设，从而助力社会效益的最大化。

第三，建立企业信息分享规则。对于商业一类国有企业，应该积极开展企业信息共享，重视以经济效益为导向的企业发展经验、数字化转型信息共享等；对于商业二类国有企业，应该以国家利益为核心，在保护国家机密和国企内部重要文件的前提下，推进企业内部的经验交流和信息共享。对于公益类国有企业，应该在公共利益的驱动之下，接受政府的监督，从而制定企业信息的分享规则。

第四，积极发展工业互联网。为了实现互联互通的供应链和产业链、智能化形态的产业模式，以及以大数据和云计算为核心的数据处理方式，不同类别的国有企业应该实施不同的发展策略。商业一类国有企业应该运用市场因素加强统筹，以市场为导向促成经济效益最大化；商业二类企业应该在国有资本的支持之下，构建有效保护国家安全的工业互联网络；公益类国有企业应该在政府补贴的支撑下，构建以数字公共价值为核心的互联互通网络。

五　区分企业数字化转型收益的不同阶段

数字化转型收益分为两个阶段进行：第一阶段是推动数字技术的使用；第二阶段是数字管理与数字平台的应用。

第一阶段，国有企业能够实现多种数字化技术的使用。在新技术方面，国有企业能够利用大数据、人工智能、区块链、物联网等技术来发展业务；在企业规划层面，可以运用 TOGAF 框架，以业务架构、应用架构、数据架构和技术架构为基本框架，促进企业的信息化管理；在设施方面，能够运用智能硬件和智能软件来提升企业生产力。

第二阶段，国有企业能够推进数字管理与数字平台的应用。通过构建企业中台，在数据、算法、资源等方面连接前台和后台，为公司的业务提供支撑；通过应用云平台，可以从企业架构层面实现企业的全域治理，各个部门相互协同，从而整合企业资源。

参考文献

《习近平谈治国理政》第二卷，外文出版社 2017 年版。

《习近平著作选读》第二卷，人民出版社 2023 年版。

《习近平外交演讲集》第二卷，中央文献出版社 2022 年版。

蔡聪裕：《数字化转型期领导者的"无力感"表征、领导力诊断及其提升策略》，《领导科学》2021 年第 15 期。

陈畴镛、沈李然：《集群企业数字知识共享及利益分配机制研究》，《信息与管理研究》2020 年第 6 期。

陈东琪等：《国有经济布局战略性调整的方向和改革举措研究》，《宏观经济研究》2015 年第 1 期。

陈雪频：《数字化转型，领导者要先行》，《上海国资》2021 年第 11 期。

陈宇鹏：《数字化转型背景下 B 银行人力资源管理创新实践的研究》，硕士学位论文，广西大学，2020 年。

陈赟：《国企与数字经济应良性互动》，《上海企业》2021 年第 1 期。

程恩富：《资本主义和社会主义怎样利用股份制——兼论国有经济的六项基本功能》，《经济学动态》2004 年第 10 期。

程旭、睢党臣：《人工智能时代就业信息不对称分析及规避策略》，《宁夏社会科学》2021 年第 1 期。

丁荣贵、杨明海、张体勤：《知识工作者的能力整合与企业效率》，

《文史哲》2005 年第 4 期。

段柯：《数字时代领导力的维度特征与提升路径》，《领导科学》2020 年第 16 期。

方跃：《做一个合格的数字化领导者》，《经理人》2020 年第 12 期。

丰俊功：《大数据时代干部教育培训的创新与发展》，《决策与信息》2019 年第 4 期。

高峰：《国有企业人才竞争战略》，《中国人力资源开发》2002 年第 1 期。

高明华：《论国有企业分类改革和分类治理》，《行政管理改革》2013 年第 12 期。

龚庆、林耿堃：《数字经济背景下国企转型升级研究——基于对 X 公司的调研》，《太原城市职业技术学院学报》2021 年第 9 期。

顾洪梅：《社会主义国有经济与资本主义国有经济的比较研究——兼评国有企业所有制无差别论》，《江汉论坛》2012 年第 12 期。

顾建党、俞文勤、李祖滨：《数商：工业数字化转型之道》，机械工业出版社 2020 年版。

郭海、韩佳平：《数字化情境下开放式创新对新创企业成长的影响：商业模式创新的中介作用》，《管理评论》2019 年第 6 期。

韩丽、程云喜：《企业数字化领导力面临的挑战、短板及提升路径》，《领导科学》2021 年第 19 期。

韩民、高戌煦：《产融结合型银行开展供应链金融业务的策略研究》，《南方金融》2016 年第 3 期。

何帆、刘红霞：《数字经济视角下实体企业数字化变革的业绩提升效应评估》，《改革》2019 年第 4 期。

胡洁菲：《加强数据治理 明确"一把手"负责制》，《经济参考报》2021 年 10 月 11 日（005）版。

华泰证券课题组朱有为：《证券公司数字化财富管理发展模式与路径研究》，《证券市场导报》2020 年第 4 期。

黄群慧、余菁：《新时期的新思路：国有企业分类改革与治理》，《中国工业经济》2013 年第 11 期。

黄速建、胡叶琳：《国有企业改革 40 年：范式与基本逻辑》，《南京大学学报》（哲学·人文科学·社会科学）2019 年第 2 期。

黄速建：《中国国有企业混合所有制改革研究》，《经济管理》2014 年第 7 期。

霍星宇：《当前我国国有企业分类与治理改革研究》，硕士学位论文，山西财经大学，2018 年。

《加快国企数字化转型促进数字经济与实体经济融合发展》，《中国总会计师》2020 年第 9 期。

贾玲：《国有企业人力资源精细化管理》，《现代物业》（中旬刊）2015 年第 6 期。

江飞涛、李晓萍：《直接干预市场与限制竞争：中国产业政策的取向与根本缺陷》，《中国工业经济》2010 年第 9 期。

江小涓：《高度联通社会中的资源重组与服务业增长》，《经济研究》2017 年第 3 期。

姜奇平：《国有企业数字化转型何为要害》，《互联网周刊》2021 年第 11 期。

金珺、李诗婧、黄亮彬：《传统制造业企业数字化转型影响因素研究》，《创新科技》2020 年第 6 期。

康铁祥：《数字经济及其核算研究》，《统计与决策》2008 年第 5 期。

康宇航：《后疫情时代国有企业数字化转型的思考》，《国企》2020 年第 10 期。

康志勇、刘馨：《政府支持与市场竞争对企业创新绩效的交互影响》，《研究与发展管理》2020 年第 6 期。

李春发、李冬冬、周驰：《数字经济驱动制造业转型升级的作用机理——基于产业链视角的分析》，《商业研究》2020 年第 2 期。

李海舰、田跃新、李文杰：《互联网思维与传统企业再造》，《中国工业经济》2014 年第 10 期。

李锦：《两类公司改革已成为国企改革牛鼻子》，《中国盐业》2019 年第 3 期。

李丽琴、陈少晖：《国有企业分类改革的理论依据与现实推进》，《现代经济探讨》2016 年第 4 期。

李芊霖、王世权、汪炫彤：《国有企业改革中企业家如何提升员工活力——东北制药魏海军"和合共生"管理之道》，《管理学报》2021 年第 7 期。

李晓华：《"互联网+"改造传统产业的理论基础》，《经济纵横》2016 年第 3 期。

李晓华：《数字经济新特征与数字经济新动能的形成机制》，《改革》2019 年第 11 期。

李有华、马忠、张冰石：《构建以管资本为导向的新型国有资本监督考核体系》，《财会月刊》2018 年第 5 期。

李政：《战"疫"展现国企担当 助推数字化转型》，《企业观察家》2020 年第 5 期。

李政：《中国国有经济 70 年：历史、逻辑与经验》，《社会科学辑刊》2020 年第 1 期。

李中义：《国有经济的功能定位与战略调整——兼评"国进民退"》，《财经问题研究》2014 年第 2 期。

廖红伟、梁鑫：《外国自然垄断行业资产管理体制经验借鉴与改革启示》，《经济体制改革》2015 年第 6 期。

林卫斌、陈东、胡涛：《垄断行业市场化改革的经济机理与潜在风险——以电力行业为例》，《经济学家》2010 年第 11 期。

刘飞：《数字化转型如何提升制造业生产率——基于数字化转型的三重影响机制》，《财经科学》2020 年第 10 期。

刘菡堃、钟晓君：《运营商数字化转型策略分析》，《中国电信业》

2017 年第 12 期。

刘明月：《国企数字化转型的难点及建议》，《企业管理》2021 年第 5 期。

刘强：《国有煤炭企业结构性缺员问题分析》，《企业科技与发展》2020 年第 8 期。

刘淑春等：《企业管理数字化变革能提升投入产出效率吗》，《管理世界》2021 年第 5 期。

刘现伟、李红娟、石颖：《优化国有资本布局的思路与策略》，《改革》2020 年第 6 期。

刘向东、汤培青：《实体零售商数字化转型过程的实践与经验——基于天虹股份的案例分析》，《北京工商大学学报》（社会科学版）2018 年第 4 期。

刘小玄、郑京海：《国有企业效率的决定因素：1985—1994》，《经济研究》1998 年第 1 期。

柳志南：《民营企业金字塔结构：对超额薪酬与薪酬辩护影响的研究》，经济科学出版社 2020 年版。

陆正飞、王雄元、张鹏：《国有企业支付了更高的职工工资吗?》，《经济研究》2012 年第 3 期。

吕铁：《传统产业数字化转型的趋向与路径》，《人民论坛·学术前沿》2019 年第 18 期。

侣海宁：《浅论现代国企的人力资源管理》，《现代国企研究》2016 年第 8 期。

马鸿佳、肖彬、王春蕾：《大数据能力影响因素及效用：基于元分析的研究》，《南开管理评论》2023 年第 2 期。

马蓝、王士勇、张剑勇：《数字经济驱动企业商业模式创新的路径研究》，《技术经济与管理研究》2021 年第 10 期。

马磊：《组织选人用人的门槛思维与运用之道》，《领导科学》2021 年第 15 期。

戚聿东、杜博、温馨：《国有企业数字化战略变革：使命嵌入与模式选择——基于3家中央企业数字化典型实践的案例研究》，《管理世界》2021年第11期。

戚聿东、肖旭：《数字经济时代的企业管理变革》，《管理世界》2020年第6期。

秦洪卫、董菁：《如何弥合我国数字鸿沟》，《中国信息界》2021年第5期。

邱晓昀：《数字敏感与数字化领导力》，《清华管理评论》2021年第3期。

邵宁：《关于国有企业改革发展方向的思考》，《上海国资》2011年第1期。

盛毅：《我国国有经济使命变迁历程回顾与"十四五"取向》，《经济体制改革》2021年第3期。

石颖：《更好发挥国有企业在创新中的引领作用》，《新经济导刊》2021年第1期。

四川省国资委、科创局：《川投集团：数字经济的力量 国企转型在路上》，http://www.sasac.gov.cn/n4470048/n13461446/n15927611/n15927638/n16135043/c16416582/content.html。

宋华、卢强：《基于虚拟产业集群的供应链金融模式创新：创捷公司案例分析》，《中国工业经济》2017年第5期。

宋华、杨雨东：《中国产业链供应链现代化的内涵与发展路径探析》，《中国人民大学学报》2022年第1期。

宋军：《新时代领导者如何选准干部》，《领导科学》2019年第7期。

宋言东：《人力资本产权与国企改革》，《经济师》2002年第10期。

孙育平：《企业数字化转型的特征、本质及路径探析》，《企业经济》2021年第12期。

谭敏、詹义、卢云：《通信行业数字化转型路径探索与实践》，《通信企业管理》2019 年第 4 期。

唐超：《数字化转型下的变革领导力》，《中国医院院长》2021 年第 18 期。

万力源、叶根英、李会兰：《关于国有企业数字化转型的思考和建议》，《国有资产管理》2021 年第 10 期。

王兴山：《疫情倒逼企业数字化》，《国企管理》2020 年第 17 期。

温晗秋子：《数字经济时代亟需数字化领导力》，《中国领导科学》2021 年第 1 期。

翁杰明：《国有企业要作推动数字化智能化升级的排头兵》，《电力设备管理》2020 年第 5 期。

吴爱华、葛文雷：《员工主动离职管理：从专用性投资视角的研究》，《中国人力资源开发》2006 年第 9 期。

吴朝平：《商业银行与金融科技公司的联合创新探讨》，《新金融》2018 年第 2 期。

吴非、常曦、任晓怡：《政府驱动型创新：财政科技支出与企业数字化转型》，《财政研究》2021 年第 1 期。

吴非、胡慧芷、林慧妍、任晓怡：《企业数字化转型与资本市场表现——来自股票流动性的经验证据》，《管理世界》2021 年第 7 期。

肖红军：《推进国有经济产业布局优化和结构调整的方法论》，《改革》2021 年第 1 期。

肖静华：《企业跨体系数字化转型与管理适应性变革》，《改革》2020 年第 4 期。

肖兴志、陈艳利：《公用事业民营化改革：理论基础与政策选择》，《经济社会体制比较》2004 年第 4 期。

肖旭、戚聿东：《产业数字化转型的价值维度与理论逻辑》，《改革》2019 年第 8 期。

谢地、景玉琴：《论自然垄断与国有经济的关系——国际比较及中国视角》，《社会科学战线》2003 年第 1 期。

谢卫红等:《高管支持、大数据能力与商业模式创新》,《研究与发展管理》2018年第4期。

谢治春、赵兴庐、刘媛:《金融科技发展与商业银行的数字化战略转型》,《中国软科学》2018年第8期。

辛蔚、和军:《国企混合所有制改革收益、成本与优化路径》,《政治经济学评论》2019年第5期。

熊宁:《国有企业数字化转型中的网络安全防护与保密管理》,《网络安全技术与应用》2021年第7期。

徐传谌、翟绪权、张行:《中国国有经济结构性调整研究》,《经济体制改革》2017年第2期。

徐韩英、程文丰:《国有企业在后疫情时期的转型实践——以杭州交通资产管理有限公司为例》,《浙江经济》2020年第10期。

杨爱民、张同健、张成虎:《国有商业银行信息化战略与内部控制绩效相关性实证研究》,《经济问题探索》2008年第7期。

杨瑞龙等:《国有企业的分类改革战略》,《教学与研究》1998年第2期。

杨瑞龙:《国有企业改革逻辑与实践的演变及反思》,《中国人民大学学报》2018年第5期。

杨瑞龙:《国有企业股份制改造的理论思考》,《经济研究》1995年第2期。

杨震宁等:《中国企业"双循环"中开放式创新网络的平衡效应——基于数字赋能与组织柔性的考察》,《管理世界》2021年第11期。

姚昊炜、熊晓琳:《双循环格局下国有经济布局优化的三维向度——基于国有经济布局效度评价体系的因子分析研究》,《经济问题探索》2021年第8期。

姚建明:《企业如何做好数字化转型》,《国企管理》2021年第17期。

易露霞、吴非、常曦：《企业数字化转型进程与主业绩效——来自中国上市企业年报文本识别的经验证据》，《现代财经》（天津财经大学学报）2021 年第 10 期。

易露霞、吴非、徐斯旸：《企业数字化转型的业绩驱动效应研究》，《证券市场导报》2021 年第 8 期。

尹振宇、吴传琦：《人工智能的就业效应及其中国启示》，《改革与战略》2019 年第 2 期。

于洋：《中国国有经济功能研究》，博士学位论文，吉林大学，2010 年。

袁淳、肖土盛、耿春晓等：《数字化转型与企业分工：专业化还是纵向一体化》，《中国工业经济》2021 年第 9 期。

苑占伟：《中国通信运营商战略转型研究》，博士学位论文，中共中央党校，2017 年。

曾庆生、陈信元：《国家控股、超额雇员与劳动力成本》，《经济研究》2006 年第 5 期。

张晖明、张陶：《国有企业改革再出发：从"分类"到"分层"》，《学术月刊》2019 年第 1 期。

张杰、郑文平、翟福昕：《竞争如何影响创新：中国情景的新检验》，《中国工业经济》2014 年第 11 期。

张淑敏：《国有企业分类改革的目标模式探讨》，《财经问题研究》2000 年第 8 期。

张夏恒：《中小企业数字化转型障碍、驱动因素及路径依赖——基于对 377 家第三产业中小企业的调查》，《中国流通经济》2020 年第 12 期。

张新春、董长瑞：《人工智能技术条件下"人的全面发展"向何处去——兼论新技术下劳动的一般特征》，《经济学家》2019 年第 1 期。

张宇、王婷：《国有经济与社会主义无关吗?》，《马克思主义研究》2014 年第 6 期。

赵宸宇、王文春、李雪松：《数字化转型如何影响企业全要素生产率》，《财贸经济》2021年第7期。

赵纯祥、杨快、何威风：《政策性负担、八项规定与国企高管隐性腐败治理》，《中南财经政法大学学报》2019年第1期。

赵厚川：《国有企业干部年轻化工作的分析与思考》，《北京石油管理干部学院学报》2021年第3期。

中国社会科学院工业经济研究所课题组、黄群慧、黄速建：《论新时期全面深化国有经济改革重大任务》，《中国工业经济》2014年第9期。

中国社会科学院经济研究所课题组、黄群慧：《"十四五"时期我国所有制结构的变化趋势及优化政策研究》，《经济学动态》2020年第3期。

中国企业改革与发展研究会课题组：《提升核心竞争优势　积极应对风险挑战——我国企业后疫情时期应抓住的四大战略机遇》，《现代国企研究》2021年第5期。

周佰成、邵振文、焦娇：《中国国有企业分层分类管理研究》，《社会科学战线》2015年第6期。

周放生、张应语：《央企人力资源管理的"蜕变"》，《国有资产管理》2008年第1期。

周嘉、马世龙：《从赋能到使能：新基建驱动下的工业企业数字化转型》，《西安交通大学学报》（社会科学版）2022年第3期。

周绍妮、张秋生：《国有资本布局结构与效率评价》，《新疆社会科学》2017年第2期。

周雪峰、韩永飞：《垄断对企业创新质量的影响：抑制或促进》，《财会月刊》2021年第17期。

周业安：《人力资本、不确定性与高新技术企业的治理》，《中国工业经济》2002年第10期。

朱蕾、张玉海：《建筑业供应链金融数字化的路径探索——基于广联达数科供应链金融整体解决方案的研究分析》,《管理会计研究》2022 年第 1 期。

祝合良、王春娟:《"双循环"新发展格局战略背景下产业数字化转型:理论与对策》,《财贸经济》2021 年第 3 期。

Bruce, Norris I., B. P. S. Murthi, Ram C. Rao, "A Dynamic Model for Digital Advertising: The Effects of Creative Format, Message Content, and Targeting on Engagement", *Journal of Marketing Research*, 2017, 54 (2): 202 –218.

Cheng Qiang, Terry D. Warfield, "Equity Incentives and Earnings Management", *The Accounting Review*, 2005, 80 (2): pp. 441 –476.

Chang Xin, Fu Kangkang, Low Angie, Zhang Wenrui, "Non-Executive Employee Stock Options and Corporate Innovation", *Journal of Financial Economics*, 2015, 115 (1): 168 –188.

Charles I. Jones, Christopher Tonetti, "Nonrivalry and the Economic Data", *American Economic Review*, 2020, 110 (9): 2819 –2858.

David F. Hemphill, "Flexibility, Innovation, and Collaboration", *Adult Learning*, 1996, 7 (6): 21 –30.

Dinopoulos E., Syropoulos C., "Rent protection as a barrier to innovation and growth", *Economic Theory*, 2007, 32 (2): 309 –332.

Frank Hyneman Knight, "Risk, Uncertainty and Profit", *Houghton Mifflin Company*, 1921.

Goldfarb and Tucker, "Digital Economics", *Journal of Economic Literature*, 2019, 57 (1): 3 –43.

H. Varian. "Artificial Intelligence, Economics, and Industrial Organization", In A. Agrawal, J. Gans, and A. Goldfarb (eds,) . *The Economics of Artificial Intelligence: An Agenda*, Chicago: University of Chicago Press, 2019: 399 –419.

Kane, Geral C. , "How Digital Leadership Isn't Different", *MIT Sloan Management Review*, 2019, 60 (3): 34 - 39.

Lytras Miltiadis D. , David Castillo-Merino and Enric Serradell-Lopez, "New Human Resources Practices, Technology and Their Impact on SMEs' Efficiency", *Information Systems Management*, 2010, 27 (3): 267 - 273.

Rubinfeld, Daniel and Michal Gal, "Access Barriers to Big Data", *Arizona Law Review*, 2017, 59 (2): 339 - 381.

Sanchez, R. , "Strategic Flexibility in Product Competition", *Strategic Management Journal*, 1995, 16 (5): 135 - 159.

Vial, G. , "Understanding Digital Transformation: A Riew and a Research Agenda", *The Journal of Strategic Information Systems*, 2019, 28 (2): 118 - 144.

William J. Baumol, "On the Proper Cost Tests for Natural Monopoly in a Multiproduct Industry", *American Economic Review*, 1977 (67): 809 - 822.